일터의
작문법

도시의 **04** 직장인

콘텐츠 기획자 편

일터의 작문법

커리어에 날개를 달아 주는 작문 테크닉

planb
DESIGN

우연한 기회에 저자의 전작『솔직히 당신 열정엔 관심 없어요』를 읽었다. 저자의 글은 팔로워를 염두에 두지 않고 일방적으로 거리낌 없는 리더십을 발휘하시는 여러 조직의 리더들에 대한 신랄하지만 불편하지 않고 오히려 상쾌하기까지 한 비판들이 가득 담겨 있었다. 나름 리더의 생활을 오래 한 나 같은 사람에게 흔쾌히 공감을 불러일으키고 반성의 마음을 갖게 하다니 대단한 능력이었다. 도대체 이런 글은 어떻게 쓰나 궁금하던 차에 저자가 다른 책을 썼다는 소식을 듣고 원고를 읽어보았다. 마침 "글쓰기"에 관한 책이었다. 그런데 읽는 이들의 필력을 획기적으로 증진시킬, 다시 말해서 저자와 같은 필력을 보장하는 책이 아니라, 일터에서 밥벌이를 위해 쓰지 않을 수 없는 기획서, 보고서, 소개서 등을 딱 필요한 만큼 과하거나 부족하지 않게 쓰는 법에 관한 책이란다. 내가 이해한 요지는 전달해야 할 정보를 가장 간결하게 전달할 수 있는 뼈대를 갖추고, 그것을 손상시키지 않는 범위에서 독자에게 잘 읽히도록 약간의 아량을 베풀라는 것이었다. 책을 읽는 동안 그 내용에 흔쾌히 동의가 됐고, 여전히 상쾌했다. 내가 얻고자 하는 정보를 더도 덜도 말고 딱 필요한 만큼 얻었기 때문일까? 그렇다면 밥벌이를 위해 쓰는 일터의 글들도 이 책에서 얘기한 대로 쓰면 흔쾌한 동의를 얻을 뿐 아니라 상쾌한 느낌을 주지 않을까?

정현천(mySUNY 전문교수, SK 전 부사장,『리더心』의 저자)

20년 가까이 학계에 있으면서 다양한 글을 읽기도 하고 쓰기도 했다. 언론사의 객원 논설위원을 한 지도 10년이 넘어간다. 하지만 지금도 매달 원고 마감일마다 내가 의도한 의미를 전달하지 못했다는 아쉬움이 남는다.

약 7년 전 필자가 학교에서 홍보 담당 보직을 맡고 있을 당시 출입기자였던 문현웅 작가의 기사는 특유의 명료함과 맛깔스러움이 있었다. 모두가 부러워하는 최고의 언론사를 박차고 나와 커리어 플랫폼 기업으로 이직하여 유튜버 등으로도 활약하며 '천재성'을 보여주고 있다.

'일터의 작문법'은 다양한 독자층에게 권하고 싶은 '효과적인 커뮤니케이션'의 교본이다. 이는 모든 사람에게 필요한 덕목이다. 보고서를 쓰는 직장인, 과제나 논문을 쓰는 대학생, 자기소개서를 쓰는 고등학생, 심지어 칼럼니스트나 유튜버 등 컨텐츠 크리에이터들에게도 필독서로 추천한다. 이 책은 글쓰기의 기본기에 해당하는 내용부터 더 감칠맛 나는 글쓰기를 위한 고급 테크닉까지 다양한 독자들에게 실질적인 도움이 될만한 내용으로 가득하다. 다양한 독자들이 이 책을 읽고 '효과적인 커뮤니케이터'로 거듭날 것으로 기대한다.

한규섭(서울대 언론정보학과 교수)

스타트업을 운영하는 창업가들에게는 아이디어의 가치만큼이나 그 아이디어를 어떻게 표현하고 전달하는지의 중요성이 큽니다.『일터의 작문법』은 그러한 창업가들에게 필수적인 글쓰기 능력을 향상시키는 가이드북이 될 것입니다. 문현웅 저자는 TPO(time, place, occasion)의 중요성을 강조하며, 특정 상황과 장소에서 가장 효과적으로 메시지를 전달하는 방법을 제시합니다. 투자자에게 제안서를 보내거나 파트너와의 협상, 팀원들에게 지침을 전달할 때 어떻게 글을 통해 명료하고 강력한 메시지를 전달할 것인지, 이 책은 그 해답을 제공합니다. 창업 초기의 업무 효율성과 의사결정 과정에서 효과적인 커뮤니케이션이 얼마나 중요한지를 잘 아는 한 대학의 글로벌창업대학원장이자 창업지원단장으로서,『일터의 작문법』은 단순한 글쓰기 교과서를 넘어, 비즈니스 성공을 위한 필독서로도 손색이 없습니다. 이 책을 모든 창업자와 취업을 준비하는 분들에게 강력히 추천합니다.

김경환(성균관대 창업지원단장, 글로벌창업대학원장)

지극히 사적인 개인사까지 '진솔하게' 늘어놓은 자기소개서, 온갖 미문을 동원해 '유려하게' 써 내려간 보도자료. 이런 글을 읽고 박수 칠 독자는 없다. 예식장에 등장한 새빨간 등산복처럼 'TPO'에 어긋나기 때문이다.

좋은 글이란 진정성 있고, 아름다운 글이라는 '글알못'의 막연한 통념을 저자 문현웅은 산산조각 낸다. TPO(Time, Place, Occasion)에 맞지 않는 글은 그저 "괴문서"가 될 뿐이며, 비즈니스 글쓰기에서는 더더욱 처참한 결과를 가져올 수 있다는 것이다.

상사와의 메신저 대화부터 제품 홍보·마케팅까지, 비즈니스에서 크고 작은 소통은 모두 글쓰기로 이뤄지기에 '일잘러'를 꿈꾸는 이라면 먼저 '글(쓰기)잘러'가 되어야 한다. 메이저 언론사 기자로 8년 일했고, 현재 국내 최대 채용 플랫폼 콘텐츠 총괄을 맡고 있는 저자는 신문기사, 판결문, 보도자료, 챗GPT로 작성한 글 등 다종다양한 글을 쪼개고 고치고 다듬으며 '글잘러'가 되는 새로운 매뉴얼을 제시한다.

최윤아(신문기자, 『뽑히는 글쓰기』 저자)

차례

1장   직장인의 작문법

2장   모난 돌 다듬기

들어가는 말

동영상 시대의 역설

바야흐로 영상 미디어의 시대입니다. 그것은 부정할 수 없습니다. 특기가 작문인 것은 물론, 커리어 대부분이 글쓰기 분야로 점철됐던 저 역시, 이젠 몸담은 회사에서 '콘텐츠 총괄'이라는 포괄적 지위를 맡았음에도 최근 주로 수행하는 업무는 사실 대다수가 영상물 기획·제작·마케팅 쪽입니다. 하지만 아이러니하게도 영상이 지배하는 시절이기에 직장인이 글 쓰는 법을 별도로 익혀야 할 필요는 오히려 급격히 늘었습니다. 그들이 유년기에서 학령기를 거쳐 성인이 되기까지, 이른바 '제대로 된 문장'을 접할 기회는 예전에 비해 훨씬 줄었기 때문입니다.

성장 과정에서 자연스레 글을 접할 일이 많았던 윗세대야 현업에 익숙해질 즈음이면 회사에서 요구하는 글쓰기에도 큰 무리 없이 적응하는 경우가 흔했습니다. 그러나 요즘은 '영상 문법'엔 능통할지언정 전통적인 줄글은, 읽기도 쓰기도 난감해하는 사람이 많습니다. 실제로 2021년 4월 인크루트와 알바콜이 직장인과 자영업자 등 1,310명을 대상으로 실시한 '현대인의 문해·어휘력 실태' 조사에 따르면 50.3%가 '비즈니스 문서를 읽을 때 문해력 부족으로 당혹스러울 때가 있다'고 답했습니다. 물론 기업도 오랜 세월에 걸쳐 기획서나 보고서 등 '작문'이 필요한 업무를 간소화하려는 노력을 해 왔습니다만, 그럼에도 최소한 아직은 어느 일선 현장에서건 글을 써야 하는 과업이 상당하다는 것을 부정하긴 어렵습니다.

장래도 그다지 밝아보이진 않습니다. 지난해 4월 한국교원단체총연합회가 전국 초·중·고교 교사 1,152명을 대상으로 진행한 설문에선 응답자 중 37.9%가 학생들의 문해력 수준이 70점대(C등급)에 불과하다고 답했습니다. 같은 해 6월 교육부가 진행한 '2021 국가수준 학업성취도 평가 결과 및 대응 전략 발표'에서도 지난 3년간 국어 과목에서 보통 학력 이상인 고2 학생 비율은 2019년 77.5%에서 2020년 69.8%, 2021년엔 64.3%로 감소세였다는 사실이 드러났습니다. 이들은 줄잡아 10년이면 어른

이 됩니다. 나아가 우리 사회를 지탱하는 동량이 될 것입니다.

다만 누군가에게는 이러한 풍토가 기회로 작용할 수도 있습니다. 사회 구성원 전반의 작문 스킬은 하향 평준화되는 추세지만, 여전히 글쓰기가 직장 생활에 유용하다는 것은, 작문 스킬 향상에 조금만 노력을 쏟더라도 경쟁자들에 비해 두각을 보이며 우위에 설 수 있다는 의미이기도 하니까요.

이 책은 그러한 추입追入에 도움이 될, '약간의 공부'를 위한 교재입니다. 메이저 언론사에서 8년여 가까이 취재기자로 일했던 경력자로서, 그리고 그러한 업계 내에서도 구사하는 필법이 살짝 독특할지언정 써낸 글엔 이래저래 좌중의 눈길을 사로잡는 매력은 있다는 평을 받았던 테크니션으로서, 직장인이 현업에 응용하기 좋은 실전적인 글쓰기 기법을 몇 가지 소개드리고자 합니다. 물론 제가 전하는 기술이 업장이나 상황을 막론하고 어느 때나 통용되는 전가의 보도라 말하기까진 무리가 있습니다. 그럼에도 정돈할 길이 보이지 않는 단어 뭉치 앞에서 덧없이 시간만 흘려보내는 순간엔 글의 물꼬를 터 주는 지침서 역할쯤은 분명 수행해 줄 것이라 장담하며, 여정의 첫 걸음을 내딛어 보겠습니다.

일단
작문 테스트부터

    물론 현업에선 글쓰기라는 업무 자체에 막연한 부담과 공포를 품은 직장인이 상당하며, 이 책 역시 근본적으로는 그런 분들을 위해 만들어진 것이긴 합니다만, 반대로 이런 생각을 하는 인원 또한 그리 드물진 않습니다. "그래도 나 정도면 글솜씨가 꽤 있는 편 아니야?"

    이는 당연히 옳은 명제일 수도, 아닐 수도 있습니다. 다만 그것을 정확히 판별해 내기가 어려울 뿐이죠. 그래서 준비했습니다. 내가 글을 제대로 쓰는 사람인지 아닌지를 가늠해 보기 위한, 아주 간단한 작문 역량 테스트입니다.

작문 역량 테스트

1) [자율좌석 사유화 금지] 퇴근 시간을 넘어서도 사용 후 방치된 오피스 내 자율좌석 공간은 일괄 정리해 인사총무팀에 보관할 예정입니다.

2) 팀장님 오늘 점심 약속이 있으신지 여쭈어도 되겠습니까?

3) 과거에는 물가 상승이나 정부 정책 등이 매출에 가장 큰 영향을 주는 요인이었으나, 최근에는 유행을 놓치거나 트렌드를 파악하지 못해 경쟁에서 밀리는 상황이 흔해졌습니다.

셋 다 오류가 너무나도 명백한, 직장에서 흔히 접할 수 있는 스타일의 잘못된 문장들입니다. 달리 말하자면, 이 문장들에서 근원 모를 위화감조차 느끼지 못한 독자 분이라면, 상당히 위급한 상황인 만큼 이 책은 물론 글쓰기와 관련된 서적은 무어라도 잡히는 대로 읽으셔야 할 것입니다.

첫째 문장은 어느 부분이 문제일까요. 그렇습니다. 자율좌석 공간은 '정리'할 대상은 될 수 있지만 '보관'이 가능할 만한 성질의 것은 아닙니다. 실질적으로 보관할 것은 좌석에 있던 짐이므로, '인사총무팀' 앞에 '짐을'만 붙여 줘도 훨씬 자연스러울 테죠.

둘째 문장은, 사실 뻔히 알면서도 잘못 쓰는 경우가 허다하죠. 네, 문제는 중첩 의문문입니다. 질문을 괜히 두 번 겹쳐 가며 상대를 높일 필요까진 없죠. 해병대도 요즘엔 이렇게까진 안 할 것입니다. "팀장님 오늘 점심 약속 있으신가요?" 정도면 충분히 적절한 간접 높임법 활용입니다.

셋째 문장은 나름 헷갈릴 여지도 있긴 합니다만, 찬찬히 뜯어보면 오류는 생각보다 간단합니다. 앞에서는 외력에 해당하는 요인을 들어 놓고 뒤에서는 행위에 따르는 결과를 언급하는 점이 어색합니다. 그렇기에 후반부를 '유행과 트렌드의 급변'으로 바꿔 주면 구조를 가급적 유지하면서도 완성도를 끌어 올릴 수 있습니다.

설령 제시된 문장 셋을 보며 잘못을 물 흐르듯 자연스레 잡아낸 분들이라 하더라도, 실례가 되지 않는다면 한 번쯤은 시간을 내 이 책을 일독해 주시길 감히 권해 드리는 바입니다. 책에서 다루는 바가 글귀 속 잘못된 부분을 색출해 고치는 요령만은 아니기 때문입니다. 작문 품질을 전반적으로 높이는 테크닉 또한 더불어 넉넉히 소개하는 만큼, 여러분께서 투자해 주신 시간은 결코 낭비가 되진 않을 것입니다.

1장

직장인의 작문법

1

그래서
직장인의 글쓰기는 다르다

'England expects that every man will do his D U T Y'

이것은 1805년 10월 21일 스페인 남서쪽에서 영국 해군과 프랑스-스페인 해군이 맞붙은 트라팔가르 해전이 발발하기 직전, 영국 측 총지휘관인 호레이쇼 넬슨 제독이 전군에 보낸 메시지입니다. 우리말로는 '조국은 귀관 전원이 각자의 의무를 다할 것으로 기대한다' 정도로 번역할 수 있겠습니다.

그런데 사실 넬슨 제독이 처음 구상한 글은 내용이 약간 달랐다 합니다. 그가 원래 작성했던 문장은 이것입니다.

'England confides that every man will do his D U T Y'

'expects' 대신 'confides'를 사용한 버전이었습니다. 여기서 'confides'엔 현대 영어에서 흔히 쓰는 의미인 '털어놓다' 대신 '믿는다confident'는 의미가 담겨 있으며, 그렇기에 이 메시지를 우리말로 옮기면 '조국은 귀관 모두가 각자의 의무를 다할 것이라 믿는다'가 됩니다. 번역문에서도 엿보이듯 문장에 confides를 쓰면 expects보다는 훨씬 자연스러우면서도 강압적인 느낌이 덜하다는 장점 또한 있습니다.

당시 넬슨은 영국 왕립해군 내 서열 5위인 백색 중장으로, 지중해 함대사령관 직함을 받은 초고위직 인사였습니다. 그가 'confides'를 고집했다면 이의를 제기하거나 가로막을 수 있던 사람은 아무도 없었을 것입니다. 심지어 confides는 문맥상 expects 보다도 적절한 동사죠. 그럼에도 넬슨 제독은 굳이 생각을 고쳐 먹고선 오히려 초안보다 어색한 표현을 신호에 쓰기로 결정했습니다. 무슨 이유 때문이었을까요?

그의 결심을 이해하려면 당대 해군의 통신 업무 체계를 조망할 필요가 있습니다. 스마트폰은커녕 무전기도 없는, 여러모로 불편했던 시대였지만, 군이라는 집단에선 예나 지금이나 지휘 통솔을 위해 교신을 포기할 수 없었고, 이를 위해 주로 활용했던 수단이 바로 '깃발 신호'였습니다. 흔히 쓰는 단어나 표현을 특정 깃발로 지정해 두고 그것을 조합해 원하는 글을 만드는 방식이었죠.

문제는 당시 영국군엔 'confide'를 함축하는 깃발 신호가 없었다는 것입니다. 물론 A에서 Z에 이르는 알파벳 각각을 나타내는 깃발은 있었기에 confides를 세분하면 표현 자체는 어떻게든 할 수 있었습니다. 당장 'England expects that every man will do his D U T Y' 문장을 보더라도 D U T Y가 나뉘어 있는 모습을 볼 수 있는데요. 이는 깃발 신호에 duty가 없었기 때문에 각 문자를 쪼개 발신했음을 나타낸 것입니다.

하지만 4문자에 불과한 duty에 비해 confides는 분량이 두 배에 달했고, 문자를 쪼개 깃발 신호를 강행하면 번거로움은 차치하고라도 가독성이 급락할 것은 뻔한 일이었습니다. '신속 정확'이 생명인 군사통신 분야에선 결코 무시 못할 리스크였죠. 게다가 교전을 앞둔 급박한 상황에선 깃발을 오르내리는 짧은 시간 마저도 최대한 아낄 필요가 있었고요.

그러한 이유로 신호 장교였던 존 파스코가 'confides'를 깃발 신호 단어집에 있던 표현인 'expects'로 바꾸자는 건의를 했고, 넬슨 제독이 이를 받아들이며 영국 해군 역사에 불멸로 남을 문장이 완성된 것입니다.

넬슨 제독의 의도보다는 다소 고압적인 뉘앙스로 만들어지긴 했지만, 딱 맞는 간결한 신호가 없어 대체어를 쓰는 경우를 매우 흔하게 겪었던 영국 해군 장병들은, 대다수가 깃발을 보는 순간 곧장 총사령관의 뜻을 바르게 이해했다 합니다.

직장 생활도 어떤 의미에선 전시 상황과 비슷합니다. 특히나 조직이 바라는 목표를 달성하기 위해 '명확한 지시와 의미 전달'이 필수라는 점에선 전장과 꽤 닮은 데가 있죠. 그렇기에 직장인의 글쓰기는 평시에 행하는 일반적인 작문과 달라야 합니다. 예술성보다는 '기능성' 쪽에 보다 방점을 둬야 하며, 글의 TPO에도 상당한 주의를 기울여야 합니다. 때로는 효율과 신속을 위해 문장의 미려함을 포기하는, 앞서 언급했던 넬슨 제독의 사례와도 같은 결단을 과감히 내릴 수도 있어야 합니다.

세간에 소설이나 기사 등의 작성법을 가르치는 강좌가 적지 않지만, 설령 여러분이 그러한 수업들을 충분히 들었더라도, 직장인을 위한 글쓰기 방법론만큼은 별도로 배워야 할 이유가 바로 그것입니다. 글의 '아름다움'이나 '운율' 등이 의미 있는 문예 스킬인 것은 분명하지만 '기업'이라는 특수 환경 내의 작문에선 아무래도 대단한 효력을 발휘하기까진 어려운 기교이기 때문입니다.

2

'예쁜 쓰레기'가 될
문예창작 전공자의 작법

세간의 통념과는 달리 문예창작과 졸업자도 상당수는 지극히 평범한 직장에서 사회생활을 시작합니다. 그러면 윗사람들로부터 기대 섞인 질문을 흔히 받기 마련입니다. "학교에서 작문은 다 배웠으니 여기선 따로 가르칠 필요 없지?" 그러나 시간이 조금 흐르고 나면, 왜인지 그놈의 글 때문에 상사한테 깨지는 사람은, 숱한 타 전공 동기들보다는 오히려 4년 내내 작문만 배운 문예창작 쪽인 경우가 태반입니다.

이러한 현상은 앞서 말씀드렸던, '전쟁터'와도 같은 '직장 환경의 특수성'에 기인합니다.

직장에서 주로 쓰는 기획서나 보고서 등의 글은 간결하고도 명확해야 합니다. 해석의 여지가 있거나 모호한 표현은 제아무리 유려하고 준수하더라도 관리자에겐 높은 평을 받기 어렵습니다. 더욱이나 문예 창작에서 중시하는 '독특한 발상'이나 '문장력' 등은 대개 기업 생활에선 큰 의미가 없습니다. 회사에서야 조직 내에서 일반적으로 통용되는 형식과 문체만 철저히 따르는 편이 되려 미덕으로 간주되니까요.

글솜씨 자체의 미학이나 문학성으로 치자면 문예창작과 출신의 작품이 웬만한 직장인보다 뛰어날 것은 자명합니다. 그러나 어지간한 회사는 예술성에 관심이 없습니다. 그들이 대학에서 배워온 글은 흡사 레이싱카에 아름다운 차체나 우수한 소음저감장치, 냉·난방 설비 등을 넉넉히 배치한 것과 유사합니다. 운전자가 극단적인 스피드 하나만을 바라는 상황인데, 아름다움이나 편의성에 무슨 의미를 부여할 수 있겠습니까. 그 어떤 부속품이건 걷어 내야 할 군더더기에 불과할 따름이죠.

요지는, 여러분께서 혹여나 직장 바깥에서 특별한 작문법이나 윤문법을 이미 배우셨더라도, 회사 문턱을 넘는 순간엔 그러한 지식을 기억 한구석 저편에 잠시 접어 두시라는 것입니다. 사수가 보낸 이메일이 비록 산문으로서의 퀄리티는 바닥을 기더라도, 팀에서 만든 기획서의 문장이 아무리 재간을 부려도 딱히 특별한 맛이 나지 않을 것 같은 밀키트로 보일지라도, 섣불리 손을 대선 안 됩니다. 오히려 그들의 어설퍼 보이는 작품이 비즈니스 글쓰기의 본질엔 보다 가까울 수도 있으니까요.

다만 훗날 사내에서 글솜씨로 명성을 떨치는 분 또한 대부분은 초년병 시절 늘상 질책을 당하던 그 '글쟁이'인 경우가 대부분입니다. 작문을 따로 배울 정도였으니 웬만해선 글에 관심이나 소질이 있었을 테고, 그런 만큼 직장에선 불필요한 테크닉만 몇 개 쳐 내면 작문 분야에선 금세 돋보일 수밖에 없거든요. 문예를 배운 세월이 아주 낭비였다는 자책을 할 필요까진 없을 겁니다.

3

좋은 글엔
왕도가 없다

조선일보에 인턴으로 합격해 입문 교육을 받던 시절, 저희에게 원고지 6장 분량으로 칼럼을 쓰게 한 뒤 각자의 글이 몇 개의 문장으로 구성됐는지를 헤아리게 했던 선배가 있었습니다. 제 글에 든 문장은 26개였으며, 이는 동기들 평균보다 약간 적은 정도였습니다.

이윽고 선배는 화면에 고참 기자가 작성한 칼럼 하나를 띄웠습니다. 분량은 저희가 작성한 것과 비슷했으나, 담긴 문장은 무려 50여 개에 달했습니다. '이것이 바로 평생을 글에 바친 경륜 있는 문장가의 글쓰기 방식이다. 너희 잡문의 하찮음을 알아라.' 선배가 한 강연의 취지는 대략 그러했습니다.

당시 예시로 언급된 글을 쓰셨던 고참은 이제 조선일보를 떠나 다른 곳에서 일하고 계십니다. 글이야 여전히 쓰시지만, 회사 바깥에선 문장력으로 주목받거나 화제가 된 일이 딱히 없었습니다. 달리 이유가 있겠습니까. 실상 그는 기자 업계 특유의 글 작성 방식에 능숙한 숙련공이었을 뿐, 조선일보 타이틀을 없애도 세간의 추앙을 널리 받을 만큼, 필력 자체가 특출하게 빼어난 '훌륭한 문장가'는 결코 아니었기 때문이었죠.

이런저런 이유로 기자와 만나 볼 기회가 있었던, 혹은 기자가 진행하는 저널리즘 글쓰기 수업을 들어 보신 분들이라면 아마도 잘 아시겠지만, 그들 중엔 신문사의 기사 글쓰기 방식, 그중에서도 팩트를 건조한 필치로 엮어 내리는 하드보일드한 스타일만을 인류 작문의 정점인 양 찬미하는 이가 드물지 않습니다. 소설 같은 건 잡스런 찌꺼기가 범벅인 지저분한 문장이라 평하며, 시 따윈 뜻 모를 모호한 독백에 불과하다 치부하는, 누가 봐도 명확하게 읽히며 의미가 분명히 전달되는 신문 특유의 간결한 문체만을 오로지 '진짜' 글로 인정하는, 그런 교조적인 부류입니다.

아주 극단적인 일부는 기자의 작문 기법을 넘어서는 우수한 글 테크닉은 세상에 존재하지 않으며, 현존하는 일자리 중 글을 사용하지 않는 곳은 하나도 없으므로, 기자로서 훈련을 제대로 받아 뒀다면 어느 때고 먹고 살길은 보장받는 전문직 자격증 하나를 보유한 것과 마찬가지라는 주장을 펼치기도 합니다.

사실 '기사를 잘 쓴다'는 것과 '글을 잘 쓴다'는 것은 엄연히 다른 이야기입니다. 기사 작성법이란 '정보 전달'이라는 기능에 철저히 맞춰 발달한 테크닉일 따름입니다. 시나 소설 등에만 비추어 보더라도 정보 전달 이외의 목적을 우선하는 글 또한 세상엔 수두룩한 만큼, 글의 형태나 전개가 기사에 가까울수록 '글답다'고 주장하는 일부 기자의 태도는 사리에 맞는 구석이 없다는 것이죠.

예술성을 중시하는 문학 계통의 작문을 '순수미술'이라 한다면, 기자의 글쓰기는 대략 '산업디자인' 정도에 빗댈 수 있겠습니다. 산업디자인은 분명 세상에 꼭 필요한 활동이며, 공업에 접목 가능한 미술 분야 중에선 이보다 더 유용한 것도 드뭅니다. 그러나 누군가가 산업디자인을 미술의 정수이자 정점이라 칭하며 그 외 분과를 얕잡아보는 언행을 한다면 선뜻 동의할 사람이 과연 몇이나 있을까요.

즉, 여러분이 언론 고시 지망생이건 신문이나 방송과는 별다른 연이 없는 평범한 직장인이건, '기자의 글쓰기'를 정석이나 세상 글쓰기의 정점인 양 떠드는 소리는 어지간하면 흘려들으시라는 것입니다. 언론인의 작문법만 배워 두면 인생에 글쓰기 고민은 더는 없을 듯 말하는 감언에 넘어가지 마십시오.

좋은 글에 왕도는 없습니다. 저널리즘 글쓰기 또한 어느 상황에나 최고의 산출을 담보하는 만능열쇠는 아닙니다. 훌륭한 글은 어떤 그릇에 담기느냐에 따라 색과 모양을 달리해 다양한 모습으로 빛을 내기 마련입니다.

4

그 문장은 사실
훌륭하지 않았다

가을 들녘에는 황금물결이 일고, 집집마다 감나무엔 빨간 감이 익어 간다. 가을걷이에 나선 농부의 입가엔 노랫가락이 흘러나오고, 바라보는 아낙의 얼굴엔 웃음꽃이 폈다. 홀로 사는 칠십 노인을 집에서 쫓아내 달라고 요구하는 원고의 소장에서는 찬바람이 일고, 엄동설한에 길가에 나앉을 노인을 상상하는 이들의 눈가엔 물기가 맺힌다.

우리 모두는 차가운 머리만을 가진 사회보다 차가운 머리와 따뜻한 가슴을 함께 가진 사회에서 살기 원하기 때문에 법의 해석과 집행도 차가운 머리만이 아니라 따뜻한 가슴도 함께 갖고 하여야 한다고 믿는다. 이 사건에서 따뜻한 가슴만이 피고들의 편에 서 있는 것이 아니라 차가운 머리도 그들의 편에 함께 서 있다는 것이 우리의 견해이다.

— 대전고등법원 2006나1846 판결 이유 본문 中

15년 넘게 흐른 지금까지도 종종 '아름다운 판결문'이라며 회자되는 글입니다. 하지만 이 판결문은 사실 실무 차원에선 업계 반면교사의 표본으로 사용될 정도로 아주 잘못 쓴 글입니다. 글의 TPO(Time, Place, Occasion)가 완전히 어긋나 버렸기 때문인데요. 필요나 상황을 무시하고 테크닉에만 치중한 글이 결국엔 쓸모를 잃는, 그러한 정황을 제대로 이해해 보려면 판결을 구성하는 사건의 배경부터 언급할 필요가 있겠습니다.

분쟁의 골자는 피고인 노인이 임대차계약을 딸 명의로 체결하고서 공공임대주택에 홀로 거주하고 있었다는 것입니다. 임대료는 노인 본인이 내긴 했습니다만, 한국토지주택공사와 법적으로 계약 관계를 맺은 임차인은 당연히 딸이었습니다.

임대 기간이 만료돼 분양전환 절차가 시작될 즈음 판결에 이르는 갈등이 불거졌습니다. 관련 법에선 '해당 임대주택에 거주하던 임차인'에게 우선분양권리를 부여하는 것으로 명시돼 있었는데요. 그렇기에 '임차인'이 아닌 노인은 우선분양을 받을 법적 권리가 없었습니다. 실제로 주택공사는 노인의 분양권 요청을 물리치고선, 딸 역시 실거주를 하지 않았으므로 분양권 우선 부여 대상이 아니니 주택을 반환하라는 취지로 소송을 제기했습니다.

첫머리 부분에서 언급한 글은 2심 판결문 중 마지막 부분입니다. 1심에서 주택공사가 승소했음에도 불구하고 고등법원에서 이를 뒤집은 근거를 설명한 내용입니다. 하지만 이는 법적 논리가 아닌 '동정'에 기댄 판단이기에 문제가 됐습니다. 병을 앓던 아내가 세상을 떠나고 어려운 형편 속에서 외로이 지내던 노인을 가엾게 여겨, 법전 어디에도 없는 '실질적 임차인'이라는 개념을 인정해 버린 것입니다.

물론 민법 제1조에서 법률에 규정이 없다면 관습법에 의하며, 관습법에도 기댈 수 없다면 조리條理에 의한다는 단서를 달아 두고는 있습니다. 그러나 그때나 지금이나 전무후무한 발상인 '실질적 임차인'을 판결에 인용할 정도로 관습화된 개념이라 주장하는 것은 아무래도 무리가 상당했습니다. 인정받는 순간부터 악용 사례가 폭발적으로 터져 나올 가능성이 다분한 편법을, 이치에 부합하며 본질적으로 자연스러운 법칙인 '조리'로 인정하는 것은 더욱이나 가당찮은 일이었고요.

아니나 다를까, 3심인 대법원에선 이러한 사실을 하나하나 짚으며 2심 판결을 물리치고선 사건을 대전고법으로 환송했습니다. 판결요지는 다음과 같습니다.

> 법은 원칙적으로 불특정 다수인에 대하여 동일한 구속력을 갖는 사회의 보편타당한 규범이므로 이를 해석함에 있어서는 법의 표준적 의미를 밝혀 객관적 타당성이 있도록 하여야 하고, 가급적 모든 사람이 수긍할 수 있는 일관성을 유지함으로써 법적 안정성이 손상되지 않도록 하여야 한다. (…) 요컨대, 법해석의 목표는 어디까지나 법적 안정성을 저해하지 않는 범위 내에서 구체적 타당성을 찾는 데 두어야 한다.
> 구)임대주택법(2005. 7. 13. 법률 제7598호로 개정되기 전의 것) 제15조 제1항에서 규정하는 '임차인'이란 어디까지나 그 법률이 정한 요건과 절차에 따라 임대주택에 관하여 임대사업자와 임대차계약을 체결한 당사자 본인으로서의 임차인을 의미하고, 이와 달리 당사자 일방의 계약 목적, 경제적 부담이나 실제 거주 사실 등을 고려한 '실질적 의미의 임차인'까지 포함한다고 변경, 확장 해석하는 것은 법률 해석의 원칙과 기준에 어긋나는 것으로서 받아들일 수 없다.
>
> ― 대법원 2009. 4. 23. 선고, 2006다81035

파기환송 취지를 간략하게 정리하자면, "판결은 제발 법대로 합시다"입니다. 이는 우리나라 법률 체계 상식에선 지극히 당연한 주문입니다. 문장이 암만 미려한들 글을 받칠 법적 근거가 없는 데다 판결의 핵심 또한 우리나라 법질서와는 어긋나 있으니 대법원 입장에선 도저히 수용을 해 줄 수 없었던 것입니다.

이 사례는 문장의 퀄리티와는 무관하게, 애초에 해당 글을 작성하게 된 목적에 부합하지 않은 방향으로 전개되면, 즉 '글의 쓸모'에 비껴가면 종국엔 높은 평가를 받긴 어렵다는 사실을 여실히 보여줍니다. 의사가 처방전을 노벨 문학상 수준에 준하는 필력으로 작성한들, 약 조제에 필요한 내용은 몽땅 빠졌거나 의학적 판단 자체가 잘못됐다면 환자에겐 아무 소용이 없는 것과 마찬가지죠.

이는 비단 판결문이나 처방전만의 문제가 아닙니다. 비즈니스 작문을 비롯한 다른 글도 모두 마찬가지입니다. 우리가 사는 세상의 글 대부분은 무언가 역할을 기대받는 기능이 적어도 하나쯤은 존재합니다. 지극히 '아름다워야' 하는 글이 있는 반면, 그저 '이해하기 쉬운' 방향을 철저할 정도로 추구하는 글 또한 실재합니다. 상황에 따라 이를 정확히 파악하며 요구 조건에 충실한 작문을 하는 것이 바로 글의 TPO를 따르는 정석이라 말할 수 있겠습니다.

그렇다면 직장인이 글의 쓸모나 테크닉을 논할 만한 상황은 무엇이 있을까요? 우선 생각할 수 있는 것은 사회인이 되기 직전 이력서와 자기소개서를 작성하는 단계입니다. 입사 이후론 발령 받은 부서나 보직에 따라 어느 정도 차이는 존재하겠으나, 사무직 대부분은 성과를 창출하며 좋은 평가를 받기 위해 기획서나 제안서를 써야 합니다. PPT도 문장이 들어가는 이상 작문의 범주에 들고요. 때로는 보고서도 작성할 때가 옵니다. 사내·외 소통을 위한 이메일 작성도 엄연히 글을 쓰는 과업 중 하나입니다.

또 누군가는 사보나 웹진을 만듭니다. 보도자료 제작과 배포도 대부분 기업에선 중시하는 업무입니다. 일부는 회사 수장이나 고위급 임원을 위한 스피치라이팅 원고를 위해 밤을 지새우기도 합니다. 몇몇은 카피라이터 업무를 수행할 것이며, 마케팅을 위해 각종 SNS에 글을 써야 할 수도 있습니다.

이 모두가 '비즈니스 글쓰기'라는 공통분모로는 얽혀 있습니다. 단, 세부적으로 보면 각기 다른 기교를 요구하는 분야들입니다. 제아무리 글을 짓는 테크닉이 뛰어난 인물이라 하더라도, 사뭇 다른 분과들에 작문 방법론 한두 가지만을 교조적으로 적용하려 든다면, 회사 안팎에서 널리 호평을 받을 길은 사실상 요원합니다. 그렇기에 우리는 글의 TPO에 부합하는 적절한 기법을 택해 산출물의 퀄리티를 높일 필요가 있는 것입니다.

5

소년이여, 굳이
신화가 될 것까진 없지 않은가

"저는 글쓰기 공부 못 하겠더라고요."

예전 어느 날 만났던 직장인은 대화 도중 문득 이런 말을 했습니다. 기자 일을 생업으로 하시니 글 잘 쓰시겠다, 좋겠다, 부럽다, 글을 잘 쓰려면 어떻게 해야 하냐, 그런 소리야 종종 들었지만, 위와 같은 발언은 제게도 나름 신선했기에 되묻지 않을 수가 없었습니다.

"아… 그런 생각을 하신, 특별한 이유가 있으실까요?"
"부담스러워서요."
"그래도 글쓰기가 영어나 수학을 배우는 것보다야 쉽지 않나요?"

"그렇지도 않더라고요. 아무리 배우고 연습해도 뭔가 확 발전하는 느낌이 없어요. 블로그나 유튜브 같은 데에 나오는 '이렇게 하면 글이 좋아진다' 뭐 그런 비법을 따라해 봐도, 글 잘 쓴다는 사람들이 써 놓은 문장에 비교하면 글 같지도 않아요. 많이 쓰면 나아진다 하는 사람도 있긴 한데요. 지금 제 꼴 같으면 평생 써 봤자 어차피 유시민 작가님이나 김훈 작가님 같은 글은 절대 못 내놓을 것 같고요. 경제학을 전공하려고 수학을 배운다 하면 미분이나 적분 정도를 배우지, 웬만해선 위상수학까지 파고 들진 않잖아요. 그런데 글쓰기는 그렇게 어느 정도 분야나 수준에서 적당히 끊을 수가 없고, 그냥 통으로 글쓰기 기술 전부를 싹 배워야 좀 나아지는 것 같아요. 그런데 언제 그걸 다 배우고 있어요. 전업 작가 할 것도 아닌데. 그러니까 아예 엄두도 못 내는 거죠 뭐."

글쓰기를 따로 배운다 하면 유독 마음을 비장하게 먹는 분들이 있습니다. '일단 학업을 시작한 이상 타인과는 확연하게 구별이 될 정도로 필력의 일취월장을 도모하겠다. 그렇지 못하면 애써 공부하는 보람이 없다.' 대략 이런 엄숙한 각오를 품곤 하는데요. 본격적인 수업에 앞서 드리고 싶은 말씀은, 의지를 다지는 마음가짐 자체야 높이 살만하지만, 그래도 배우는 태도가 지나치게 결연할 필요까진 없다는 것입니다.

이런 당부를 왜 굳이 드리냐 하면요. 사업을 시작하는 시점에 '나는 꼭 빌 게이츠나 제프 베이조스 못지 않게 회사를 키워야지!'라는 결심을 한다거나, 운동에 입문하는 때에 '리오넬 메시나 아놀드 슈워제네거 전성기와 비견될 수준까지 이르지 못하면 의미가 없다'는 태도를 견지하면 결국엔 어떤 상황이 펼쳐질까요?

그렇습니다. 높디높은 꿈 자체야 잘못이라 할 순 없습니다만, 바람과 이상이 지나칠 정도로 부풀어 오르는 때엔 자칫하면 도리어 그것이 수행자를 짓누르는 압박으로 돌변할 수 있습니다. 여타 학문과 마찬가지로, 글쓰기 또한 배우고 연습하는 매 순간마다 티가 날 정도로 실력이 폭등하는 분야가 아닙니다. 더욱이나 고등교육기간에서 수년에 걸쳐 집중 교육을 받는 것도 아닌, 틈날 때마다 교양서적을 훑으며 얻는 지식 정도론, 단기간에 드라마틱한 솜씨 개변을 기대하는 건 무리입니다. 시간을 쏟아도 진전은 더딜 것이며, 연습에 연습을 거듭해도 여전히 문장 어느 구석에선 미흡한 부분이 눈에 밟힐 것입니다. 그런 상황에 목표마저 한없이 아득하면 꺾이려 드는 마음을 추스르기 어렵죠.

글 전문가가 되실 필요는 없습니다. 저는 요리를 자주 하는 편입니다. 하지만 요리사라 불릴 경지는 결코 아닙니다. 조리 실력이라 해 봐야 저와 가족이 먹기에 부족함이 없는 수준이면 충분합니다. 작문도 마찬가지입니다. 직장 실무에 써먹을 글쓰기를 배우며 문필가를 지망해야 하는 것은 아닙니다. 주변 동료들보다 조금 나은 정도면 그만입니다. 문장을 깔끔하게 뽑는다는 칭찬이나 이따금 들을 수 있다면 평범한 직장인 선에서는 굳이 더 바랄 것도 없습니다. 애초에 현존하는 회사 대부분은 '전설적인 명필'이 구성원으로 합류하길 기대하지도 않습니다. 스스로를 공연히 지치도록 몰아세우지 않아도 좋습니다.

앞서 글의 TPO도 언급했습니다만, 모든 TPO를 섭렵할 필요도 없습니다. 작문을 전공하는 학자라 해도 그렇게까지 널리 커버하는 경우는 없습니다. 어지간한 직장인이라면 자신의 TPO에 맞는 기법 정도만 익혀 두면, 살짝 더 넓게 고려해 보더라도 인접 직역이나 업무에 걸친 작문 테크닉 몇 개나 숙지해 두면 충분합니다. 발레복 전문 디자이너가 정장이나 축구 유니폼 제작법을 알아도 문제라고까진 말은 못하겠지만, 본업과 병행해 가며 일부러 배워야 할 이유까진 희박한 것과 비슷한 이치인 셈이죠.

지레 겁먹을 필요 없습니다. 경제학과 학부생이 미시경제학과 거시경제학을 이해하기 위해 미적분 일부 과목을 선별적으로 배우듯, 직장인도 종사하는 분야에 필요한 작문 테크닉을 얼마든 나눠서 익힐 수 있습니다. 물론 학문이 대개 그렇듯 무엇을 공부하건 기초로 알아 둬야 하는 공통 지식 비스무리한 요소가 아주 없진 않지만, 그것도 학습이 난감할 지경으로 방대하거나 난해한 수준이라 말할 정도는 아닙니다.

이 책은 그러한 배움의 길이 아주 조금이나마 수월해지도록 조력할 목적으로 쓴 지침서입니다. 용기를 잃지 않고 차근차근 따라오시다 보면, 그리고 여러분이 필요한 글쓰기 종목을 설명한 부분만 잘 발췌해 읽어 주신다면, 버거울 지경으로 짊어지는 부담 없이도 작문 역량 전반에 분명 나아지는 바가 존재할 것임을 미리 약속드립니다.

2장

모난 돌 다듬기

1

'글재주'를
버려라

비즈니스 글쓰기의 갈래가 다양은 하지만, 그럼에도 근본은 작문인 이상 전체를 관통하는 근본 테크닉은 존재하기 마련입니다. 인류 학문이 계통은 세세히 나뉘어 있되 그것을 연구하는 이는 모두가 일단은 언어, 수리, 외국어부터 떼고 와야 하는 것과 마찬가지죠. 그러므로 우선은 글짓기 전반의 토대가 될, 문장을 쓰고 다듬는 기초 테크닉부터 설명을 드리도록 하겠습니다.

"Semble que la perfection soit atteinte non quand il n'y a plus rien à ajouter, mais quand il n'y a plus rien à retrancher."

"더 이상 추가할 것이 없을 때가 아니라 뺄 것이 없을 때, 완벽함은 성취된다."

프랑스, 나아가 인류의 대문호로 꼽히는 위대한 작가 앙투안 드 생텍쥐페리가 생전에 남긴 말입니다. 비즈니스 글쓰기의 기초는 일단 이 격언을 준수하려는 노력에서 시작된다 해도 과언이 아닐 것입니다. 데코레이션을 걷어낼수록 문장이 전하려는 바는 선명해지기 마련이며, 이는 특정한 제안이나 자료를 글이라는 매개체를 통해 상대가 오인할 여지 없이 투사해야 하는 직장인의 작문에선 마땅히 지향하는 바일 수밖에 없으니까요.

따라서 가장 먼저 소개드리고자 하는 테크닉은 바로 '절삭'입니다. '절삭'은 사전적 정의로 금속 따위의 단단한 물건을 자르고 깎는 것을 말합니다. 글에서 절삭은 필요 없는 부분을 쳐내는 일이겠죠. 애초에 쓸 만한 내용이 모자라 깎아 낼 구석조차 없다는 방향의 고민은 송구스럽지만 논외로 하겠습니다. 글쓰기 테크닉이란 없는 글감을 새로이 생성해 내는 기술이 아니기 때문입니다.

그리고 앞선 장에서 기자의 글쓰기란 것이 상황을 막론하고 어디에나 통하는 '전가의 보도'까진 아니라 말씀은 드렸습니다만, 그럼에도 역시 먼저 언급했던 '순수미술'과 '산업디자인'의 비유로 직장에서의 작문을 구분하자면, 꾸미기보다 덜어내기를 우선하는 면모에서 은근히 드러나듯, 아무래도 '순수미술'보다는 '산업디자인' 쪽에 훨씬 가깝다는 사실만큼은 부정하기가 어렵습니다. 그렇기에 비즈니스 글쓰기의 기초가 될 기교는, 문예 방면보다는 저널리즘의 작법 쪽에 보다 자주 기대며 설명드릴 것임을 미리 밝히는 바입니다. 바로 이어지는 이야기 또한 '효과적인 절삭'의 이해를 돕고자 저널리즘의 테크닉을 주로 인용하는 것을 부디 양해 부탁드립니다.

기자가 업무상 작성하는 글은 기본적으로 '정보 전달'을 통한 '설득'을 목적으로 합니다. 조합한 팩트를 기반으로 언론사가 원하는 방향에 따라 독자들이 생각을 전개하도록 유도하는 것이죠. 이러한 면에서 직장인에게 필요한 글쓰기 기교와 상통하는 부분이 존재한다고 할 수 있습니다.

그런 이유로 기자는 '많은 양'의 '정확한 정보'를 '쉽게 이해 가능한 형태'로 전달하는 것을 지향하며 이에 따라 저널리스트의 작법은 문장의 부피를 줄이고 단순화하는 데 특화돼 있는 편입니다. 예를 하나 들어보겠습니다.

그 집에는 삼룡三龍이라는 벙어리 하인이 하나 있으니 키가 본시 크지 못하여 땅딸보로 되었고 고개가 빼지 못하여 몸뚱이에 대강이를 갖다가 붙인 것 같다. 거기다가 얼굴이 몹시 얽고 입이 크다. 머리는 전에 새 꼬랑지 같은 것을 주인의 명령으로 깎기는 깎았으나 불밤송이 모양으로 언제든지 푸 하고 일어섰다. 그래 걸어다니는 것을 보면, 마치 옴두꺼비가 서서 다니는 것같이 숨차 보이고 더디어 보인다.

— 나도향 '벙어리 삼룡이', 1925 中

한국 근대 문학계의 명품으로 꼽히는 소설답게 묘사가 굉장히 훌륭합니다. 하지만 이것이 만일 기사에 싣기 위한 인물 설명이라면 순순히 받아주는 언론사는 전무합니다. 아마도 신문사 데스크라면 추가 취재를 거듭 지시해 결국엔 아래 정도의 글을 유도해 내리라 예상됩니다.

그 집 하인인 삼룡이는 벙어리다. 키는 150cm 안팎이다. 목은 얼굴과 상체를 겨우 구분할 정도의 길이다. 이마와 뺨, 턱 피부 전체에는 작게 패인 홈이 있다. 다문 입술의 가로 길이는 약 9cm다. 이는 일반인 평균 대비 두 배가량이다.

일터의 작문법

머리카락은 전체를 균일하게 9mm 정도로 잘랐다. 걸음새
는 10초에 한 발짝을 겨우 디딜 정도로 둔하고 느리다.

비유적 묘사 전부가 선명한 표현으로 치환됐습니다. 모호한
정보는 수치로 전환되거나 삭제되는 과정을 거쳤고요. 기교가
모조리 죽고 살인범 몽타주를 덤덤히 읊는 듯한 투만 남아 글맛
이랄 게 전혀 없습니다. 예술성이야 어떻건 원문 같은 스타일의
글은 직장에서 통용될 여지 자체가 드물다는 것을 여러분도 잘
아시리라 믿습니다. 데이터가 없는 묘사, 배경 지식이 필요한
비유 등은 아무래도 독자가 사안을 정확히 이해하면서 판단을
내리는 일련의 과정에 큰 도움을 주긴 어려운 요소이기 때문이
죠. 그런 이유로 비즈니스적인 글은 결국엔 태반이 후자와 같은
모양새로 수렴될 수밖에 없습니다.

그럼 팩트도 왕창 넣고 기교도 넉넉히 바르면 되지 않나요? 굳
이 말랑말랑한 문학적 테크닉을 몽땅 날려 바짝 마른 육포로 만
들어야만 하나요? 업무를 위한 글이라도 읽는 재미를 부여한다
면 팍팍한 나날의 연속인 직장인 삶에 활력을 더하지 않을까요?

뭔 세상 물정 모르는 소리를 반문이랍시고 걸어 놓았느냐 싶
을 수도 있겠습니다만, 의외로 이론적으론 일리 있고 성립도 가
능한 반론입니다. 진실한 기록과 예술적 성취는 결코 배타적인

개념이 아니니까요.

조지 오웰이 스페인 내전에 참여했던 경험을 르포르타주 형식으로 정리한 작품인, 1938년작 『카탈로니아 찬가』를 떠올려 봅시다. '마르크스주의 노동자당POUM 의용군의 모습을 생생히 그려내되 문예로서의 미학 또한 놓치지 않았다'는 평가를 받는 걸작이죠. 1919년 러시아 혁명을 전한 존 리드의 르포 『세계를 뒤흔든 열흘』은 또 어떻습니까.

문제는 난이도입니다. 팩트 전달을 효과적으로 수행해낸 동시에 문학적으로도 높은 평을 받는 글은 그리 흔치 않습니다. 더불어 어지간한 거장이나 대가라 할지라도 두 마리 토끼를 거머쥔 작품을 매번 내어놓기 버거운 것은 물론이고요. 하물며 문필이 생업도 아닌 회사원에게 기능과 미를 동시에 추구하라 요구하는 것은 가혹 행위 내지 직장 내 괴롭힘 취급을 받더라도 변명할 도리가 없습니다. 심지어 기획서나 제안서, 보고서 작성이 사실상 업무의 대부분인 글이라면 더욱이나 말이죠.

그럼에도 어떻게든 기교 사용을 강제하면 어떤 일이 벌어질까요? 여러분 모두는 인터넷에 친숙한 세대인 만큼, 이른바 '시각을 학대하는 이미지'를 적어도 한 번쯤은 접해 보셨을 것입니다. 잘못 딴 누끼, 가독성 나쁜 글꼴과 색상 활용, 삽입한 이유를 추정하기 어려운 이미지 요소 살포, 현란한 디자인과 움직임으로 시각적 피로를 증폭하는 동화상들, 보는 이를 배려하지 않는 공간 배치 등. 디자인적 사고와 감각을 충분히 훈련받지 않은 사람이 어찌어찌 배운 '테크닉'을 닥치는 대로 비벼 넣다 보면 나오는 괴작들이 그것이죠. 그러한 '디자인 테러'가 문서에서 벌어지게 된다고 생각하시면 됩니다. 작성자 나름으론 테크닉과 데코레이션을 한껏 활용해 글의 품격을 높였다 자부하겠지만, 정작 보는 사람 입장에선 정신 산란하고 해독도 어려워 피로도가 극에 달한 괴문서가 돼 짜증을 유발할 따름이라는 것이죠.

그렇다고 '비즈니스 작문엔 글재주를 절대 부려선 안 된다'는 말은 아닙니다. 이 책의 독자로 상정한 직장인은 어디까지나 평범한 시민이며, 그들이 정보 전달 테크닉과 문예를 모조리 섭렵하는 건 무리입니다. 그렇기에 둘 중 하나만 고르는 '선택과 집중'이 필연이라면, 반드시 사수해야 할 부문은 단연 '정보 전달 테크닉'입니다.

2

문장
찢어발기기

앞선 챕터에선 절삭을 설명했습니다. 다음은 분절, 즉 '쪼개기'입니다. 깔끔하고도 아리따운 '벙어리 삼룡이'의 문장을 계속해 예시로 쓰기는 지루한 감이 있어, 대신 글쟁이 업계에선 지저분한 문장을 논할 때 어김없이 거론되는 작성 스타일 중 하나인 '판결문'을 일부 끌어왔습니다.

법원은 조부모가 단순한 양육을 넘어 양친자로서 신분적 생활 관계를 형성하려는 실질적인 의사를 가지고 있는지, 입양의 주된 목적이 부모로서 자녀를 안정적·영속적으로 양육·보호하기 위한 것인지, 친생부모의 재혼이나 국적 취득, 그 밖의 다른 혜택 등을 목적으로 한 것은 아닌지를 살펴보아야 한다.

— 2018스5 미성년자 입양허가 (가) 파기이송 中

이 글은 문장 하나로 최소 세 가지 이야기를 커버하고 있습니다. 그 문장에서 주술만 추려 내자면 '법원은 살펴봐야 한다' 뿐인데, 이 주술 관계 하나로 '1) 조부모가 단순한 양육을 넘어 양친자로서 신분적 생활 관계를 형성하려는 실질적인 의사를 가지고 있는지, 2) (조부모의) 입양의 주된 목적이 부모로서 자녀를 안정적·영속적으로 양육·보호하기 위한 것인지, 3) (조부모의 양육이) 친생부모의 재혼이나 국적 취득, 그 밖의 다른 혜택 등을 목적으로 한 것은 아닌지'를 한 번에 다루는 것이죠.

사람의 기억은 유통기한이 의외로 짧습니다. 그렇기에 이처럼 주어와 술어 사이에 목적어, 보어, 부사 등이 무더기로 끼어들며 간격을 벌린 글은 독자 입장에선 편히 읽기가 난감합니다. 끄트머리를 읽을 즈음이면 전반부 내용은 거진 휘발되기 십상이며, 주어와 술어의 조응 관계에도 혼동이 오기 쉽습니다. 이를 해결하려는 시도는 곧 문장의 '지저분함'을 없애는 공정으로 이어집니다. 그 작업에 있어서 가장 흔한 첫걸음은 바로 문장을 잘게 끊는 것이죠.

> 법원은 조부모가 단순한 양육을 넘어 양친자로서 신분적 생활 관
> 계를 형성하려는 실질적인 의사를 가지고 있는지 확인해야 한다.
> 입양의 주된 목적이 부모로서 자녀를 안정적·영속적으로 양육·보
> 호하기 위한 것인지를 살펴야 한다. 친생부모의 재혼이나 국적 취
> 득, 그 밖의 다른 혜택 등을 목적으로 입양하는지도 파악할 필요
> 가 있다.

문장을 미끈하게 다듬기까지 하려면 아직 만질 부분이 많습
니다만. 일단은 이처럼 주르륵 이어지는 글을 적당히 저며 주는
것부터가 가장 기본적인 손질 작업입니다. 생선으로 치면 비늘
위로 칼을 두어 차례 긁고선 토막을 내둔 정도인 셈이죠.

물론 끊는 수준이 이보다 더 촘촘한 경우도 매우 흔합니다.
주어와 술어 사이에 부대 요소가 드물수록, 그리고 한 문장에서
다루는 내용이 적을수록 독자가 글을 이해하기 쉬워지고 혼동
할 여지는 줄어드니까요. 위 문장도 그런 취지에 따라 더 잘게
나누어 보자면 이렇게까지도 해 볼 수 있겠습니다.

법원은 조부모가 양친자로서 신분적 생활 관계를 형성하려는 실질적인 의사를 가지고 있는지 확인해야 한다. 이는 단순한 양육을 넘어서는 수준이어야 한다. 입양의 주된 목적이 부모로서 자녀를 안정적·영속적으로 양육·보호하기 위한 것인지를 살펴야 한다. 친생부모의 재혼을 목적으로 입양하는 것인지도 확인해야 한다. 국적 취득이나 그 밖의 다른 혜택 등을 목적으로 입양하는지도 파악할 필요가 있다.

이렇게나 칼질을 해 놓은 글은 왠지 좀 어색하게 느껴지기도 합니다. 우리가 평소에 흔히 입에 담는 문장 체계와는 다소 차이가 나기 때문인데요. 사실 일상에서 별다른 고찰이나 정제 없이 편히 하는 입말은 의외로 길고 장황한 경우가 대부분이거든요. 하나하나 뜯어 보자면 주어 하나에 술어가 여럿 달려 있거나, 주어와 술어 사이에 목적어, 보어, 부사 등이 대거 들어간 경우가 흔하다는 것이죠. 하지만 그런 위화감을 견디는 것이 비즈니스 글쓰기의 필연적인 성장통입니다. 읽은 이가 빠르고 정확히 이해하는 데에 도움이 되기만 한다면 약간의 거북함 정도는 극복할 각오와 다짐이 필요한 셈입니다.

3

감칠맛을 더하는
'윤문'

비유 죽이기, 모호한 정보 제거, 복문은 단문으로, 주어 하나엔 서술어도 하나만 접합.

비단 이 책뿐만 아니라 웬만한 실용 글쓰기 수업이라면 한 번쯤은 언급하는 원칙들입니다. 이 정도만 잘 지켜도 괜찮은 문장을 뽑을 수 있다 장담하는 강사도 적지 않고요. 사실 앞서 언급한 생텍쥐페리의 격언처럼, 그리고 많은 강사분의 말씀처럼 글을 최대한 깎고 정리하는 요령만 탁월해도 글을 수준급으로 꾸릴 수 있는 것은 사실입니다.

개인적으론 정말 좋은 작문을 하려면 거기서 한 발짝은 나아가 줄 필요가 있다고 생각합니다. 그 하나의 스텝은 바로 '윤문' 입니다. 아무래도 어색한 부분을 굳이 남겨 두기보다는 문장이 조금이나마 더 부드럽게 읽히도록 매만져 주는 편이 독자를 위한 배려일 테니까요. 즉, 글의 골격만 남기는 공정을 우선 진행하되, 거기서 멈춰 서는 대신 그것을 보기 좋고 편하도록 꾸미고 윤색하는 작업까지 더해 주면 좋다는 것이죠.

바로 직전에 잘게 끊어 두었던 문장을 다시 예로 들어보겠습니다. 분절을 거치며 의미 자체는 보다 분명해졌습니다. 하지만 아직 매끄러운 문장이라 말하기까진 무리가 있는데요.

법원은 조부모가 양친자로서 신분적 생활 관계를 형성하려는 실질적인 의사를 가지고 있는지 확인해야 한다. 이는 단순한 양육을 넘어서는 수준이어야 한다. 입양의 주된 목적이 부모로서 자녀를 안정적·영속적으로 양육·보호하기 위한 것인지를 살펴야 한다. 친생부모의 재혼을 목적으로 입양하는 것인지도 확인해야 한다. 국적 취득이나 그 밖의 다른 혜택 등을 목적으로 입양하는지도 파악할 필요가 있다.

이 글을 '윤문'해 봅니다.

법원은 조부모가 손주를 실질적인 양자로 입양할 의사가 있는지 확인할 필요가 있다. 단순히 거둬 기르는 수준에 그쳐선 안 된다. 진심으로 부모로서 안정적인 양육과 보호를 계속해 줄 목적인지를 살펴야 한다. 또한 낳아 준 부모가 재혼할 때 걸림돌이 될 요소를 없애 주고자 하는 입양인지 판명할 필요가 있다. 국적 취득이나 그 밖의 혜택 등을 노린 행위인지도 파악해야 한다.

변경 포인트를 정리하자면 다음과 같습니다. 윗글과 아랫글의 차이는 색을 달리해 표기해 두었습니다.

1) 풀어쓰기

'양친자'는 법률 용어로서 양친과 양자 간의 친자관계를 의미합니다. 곰곰이 살피면 이해가 어려운 표현까진 아니지만 대중의 일상적 언어와는 다소 괴리가 있습니다. '영속적'이나 '친생부모'도 마찬가지입니다. 그런 낯설고 복잡한 말은 딱히 써야 할 이유가 없다면 풀어 헤치거나 손질해 주는 것이 좋습니다. 다만 '딱히 써야 할 이유'가 이따금 발생은 하는데, 그것에 대해선 조금 뒤에 말씀드리도록 하겠습니다.

2) 반복되는 문구 교체

원문에선 '양육'이나 '한다' 등의 글귀가 거듭해 나타납니다. 이는 글을 단조롭게 할 뿐만 아니라 독자가 읽는 위치마저 헷갈리게 하는 저해 요소입니다. 그렇기에 대체 가능한 표현으로 바꿔 주며 문장에 변주를 가미하는 것이 좋습니다.

직전에 언급했던, 낯설고 복잡한 말을 '딱히 써야 할 이유'가 바로 이 상황입니다. 글에서 유사한 내용을 연이어 다루다 보면 쉬운 표현만으로는 구성상 다양한 변형을 주기가 어려워집니다. 운율이나 각운까지 논하지는 않더라도, 언어의 리듬을 살리고자 한다면 제한적인 단어만으론 글맛을 내기가 쉽지 않고요. 그렇기에 작품의 전반적인 품질을 높이고자 한다면 때에 따라 다소 어려운 표현이라도 끌어다 사용할 필요가 있습니다.

3) 부사 첨가

저널리즘 글쓰기라면 '또한' 따위는 과감히 없애라 가르칠 것입니다. 제거하더라도 글의 성립엔 문제가 없기 때문입니다. 그러나 그것은 한정된 종이 위에 정보를 최대한 구겨 넣기 위한 테크닉일 뿐, 읽는 이를 배려하는 방향의 작문법은 아닙니다.

신문사가 지면의 제약으로 뉴스를 한 톨이라도 더 담아내고자 글을 깎는 행위는, 레이싱카가 차체 무게를 줄이고자 조수석은 물론 충격 흡수 장치나 에어컨까지 떼어 내는 것과 유사합니다. 속도를 극한으로 추구하되 탑승자의 안전과 컨디션 등은 부차적 요소로 치부하며 포기해 버리는 전략이죠. 스피드를 위해 승차감을 내려놓은 글인 만큼 정보 전달에만 치중하는 바람에 읽는 동안의 묘한 위화감이나 어색함을 피하긴 아무래도 어렵습니다.

하지만 그런 극단적인 개조를 우리가 일상적으로 타고 다니는 자동차에도 적용하면 반길 사람이 몇이나 될까요? 게다가 "이것이야말로 모든 자동차가 추구해야 할 궁극의 방향성"이라 주장하면 대다수가 동조하는 반응을 보일까요?

이른바 '저널리즘 글쓰기'를 최고의 작문 테크닉이라 말할 수 없는 이유가 바로 여기에 있습니다. 신문에서 독자의 이해를 돕는답시고 문장을 극단적으로 끊어치고 압착하는 것은, 실상 뇨끼건 리조또건 스파게티건 '가장 소화하기 좋은 형태'라는 명분으로 믹서기에 갈아 버리는 꼴이나 마찬가지입니다. '먹기 쉽고 위에 부담이 적다' 해서 그것을 최고의 요리라 부를 수 있을까요?

그렇기에 저는 여러분께 오히려 '글의 퀄리티를 진정 높일 목적으로' 접속부사를 되살리라 권하는 것입니다. 부사를 활용한 덕에 보다 촉촉해진 문장은, 언론계에서 설파하는 '좋은 글'과는 분명 거리가 있을 것입니다. 하지만 아무럼 어떻습니까. 기자들의 육포 제작 기술이 탁월하며, 그들이 그 사실에 품은 자부심이 굉장할지라도, 그것이 우리가 젤라틴 없이 편육을 만들어야 할 이유가 될 순 없습니다. 직장인의 보편적 생태와 맞지 않는 특수직군의 테크닉을 의미 없이 추종한들 무슨 의미가 있겠습니까. 상사를, 동료를, 선후배를 위하며 배려하는 작문을 해 주시는 편이 여러분의 실생활엔 훨씬 낫다는 것입니다.

4) 교조적인 태도의 폐단

작문 강사들이 문장에 수동태나 '○○의/○○에' 등을 써선 안 된다고 강조하는 경우가 제법 있습니다. 개인적으론 그것도 썩 좋은 가르침은 아니라 생각합니다. 이를테면,

A 지방에서 지진이 발생해 일대 주민들이 큰 피해를 입었습니다.

이런 문장을 용납해 주질 않습니다. '수동태는 일본어 문장에서나 즐겨 쓰는 표현이다. 수동태는 질 낮은 번역체 느낌을

준다.' 대강 이러한 이유입니다. 결국엔 다음과 같이 바꾸곤 합니다.

A 지방에서 발생한 지진이 일대 주민들에게 큰 피해를 끼쳤습니다.

그러나 이처럼 자연 현상을 능동적인 주체로 삼는 것이 오히려 부자연스럽진 않을까요?

'의'나 '에'를 무조건 없애라는 요구 또한 마찬가지입니다. '4명의 군인'을 '군인 4명'으로, '감각 기관의 이상'을 '감각 기관 이상'으로 다듬는 것이야 문제가 없습니다만. '칼의 노래'나 '젊은 베르테르의 슬픔', '상실의 시대'에서 '의'를 떼고 원문보다 더 자연스러운 문장을 구성하는 것이 어디 쉬운 일이겠습니까? 혹은 '당신의 눈동자에 건배'에서 '에'를 빼고도 문장 퀄리티는 보다 높일 방도가 몇이나 있을까요? 그리고 그러한 어려움을 굳이 감수하며 변형을 강행할 필요가 애초에 있기나 할까요?

교조적인 태도를 필요 이상으로 견지하다 보면 오히려 한층 어색한 문장을 양산하기 쉽습니다. 수동태와 능동태, '의·에' 등의 사용 여부는 어느 한 쪽만이 정답이라 그어 말할 수 없습니다. 그것은 단일 문장 내에서의, 혹은 전후 문장과의 자연스러운 조화를 보며 판단해야 할 문제입니다.

훌륭한 문장가는 특정 원칙을 지엽적인 부분 하나하나마다 기계적으로 대입하지 않습니다. 글을 넓게 보며 전체적인 맥락과 흐름 속에서 가장 적절하거나 어울리는 표현을 물색하며 다채롭게 활용할 따름입니다. 스스로 어휘나 문체에 제약을 걸 필요는 없습니다. 글을 쓸 때마다 문장을 구성하는 다양한 방법을 가급적 널리, 그리고 또 즐거이 탐색해 주시길 권하는 바입니다.

4

'첫 문장'의 힘

아마추어라면, 혹은 적어도 아직은 필력으로 사내·외에 명성을 떨치진 못한 이라면, 반드시 유념해 두어야 할 사항이 있습니다. '세상 사람 대부분은 당신은 물론, 당신의 글에도 흥미가 없다'는 것입니다. '읽다 보면 재밌다', '읽다 보면 이해가 간다' 운운하는 설득은 무의미합니다. '읽다 보면'부터가 애당초 성립할 수 없으니까요. '읽다 보면'이라는 것은 차근차근, 서서히 스며든다는 느낌이 드는데 아마추어의 글은 그렇게 스며들 틈새조차 찾기 힘듭니다.

이는 상업적 글쓰기뿐 아니라 비즈니스 작문에서도 적용되는 전제입니다. 따지고 보면 직장에 포진한 당신의 '독자' 또한 별반 다를 바가 없으니까요. 그들은 여러분의 글을 업무상 마지

못해 받아들일 따름입니다. 채용담당자라는 이유로, 혹은 결재 권자라는 죄로 인하여 말이죠. 입장이 그렇거늘 관심도 없는 문장을 오래 붙들 의욕이 어느 구석에서 생길까요. 어지간해선 표지 언저리나 훑다 팽개쳐 버리기 일쑤겠죠.

여러분께 별다른 호의가 없을 상사나 채용담당자는, 결국엔 기껏해야 세 줄가량을 읽고 글 전반의 퀄리티를 판단할 따름입니다. 첫머리 부분에 힘을 바짝 주어야 하는 이유가 바로 그것입니다. 그들이 마지못해 곁눈질할, 서두 부분의 5초 즈음이면 승부는 이미 판가름 나기 때문이죠.

보고서나 스피치라이팅처럼 꽤나 정형화된 '비즈니스 작문'에서 그러한 완급 조절을 할 만한 여지가 얼마나 될까 싶을 수도 있겠습니다만, 글쓴이가 마음만 먹는다면 포맷이 딱딱하기 그지없는 '공학 전공 서적'에서도 테크닉을 발휘할 여지가 존재합니다. 이를테면 데이비드 굿스타인David. L. Goodstein의 통계역학 교재『States of Matter』가 그러한 사례 중 하나입니다. 해당 서적의 도입부는 다음과 같습니다.

Ludwig Boltzmann, who spent much of his life studying statistical mechanics, died in 1906, by his own hand.

Paul Ehrenfest, carrying on the work, died similarly in 1933. Now it is our turn to study statistical mechanics.

생애 대부분을 통계역학 연구로 보낸 루트비히 볼츠만은 1906년 스스로 목숨을 끊었다. 그의 과업을 이어받은 파울 에렌페스트는 1933년 자살했다. 이젠 우리가 통계역학을 배울 차례다.

적잖이 섬뜩한 구석은 있을지라도, 이래저래 통계역학의 어려움을 고지하면서도 젊은 후학들의 호승심 또한 자극해 주는 효과만큼은 확실하죠. 물론 늘 이렇게나 거칠고 도발적인 문구를 동원할 필요까진 없습니다. 어떤 문장이건 괜찮습니다. 독자가 이어지는 내용에 줄곧 호기심을 품도록 유도하는, '탐독의 연쇄'를 촉발할 수만 있다면 말이죠.

가령 상부에서 성패를 염려하는 프로젝트가 있다고 쳐 봅시다. 모두의 우려와는 달리 그 과업은 무사히 첫걸음을 뗐습니다. 여러분은 이 낭보를 알리는 보고서나 이메일을 써야 하는 처지입니다. 그런 상황에 운을 떼는 문장을 굳이 '2022년 10월 1일에 TF를 구성해 인력 10명을 배정하고 예산 3억5000만원을 투입한 본 사업은…'으로 잡아야 할까요?

You will rejoice to hear that no disaster has accompanied the commencement of an enterprise which you have regarded with such evil forebodings.

그렇게나 불길해하시던 일이 무탈하게 시작됐다는 소식을 들으시면 무척이나 기뻐하시겠지요.

— 『Frankenstein』, Or the Modern Prometheus 첫 문장, 메리 셸리, 1818년

차라리 이처럼 보고의 핵심이 될, 수신자가 진정으로 궁금해할 만한 내용부터 우선 풀어 주는 편이 나을 수도 있습니다. 잘 아시다시피 여러분의 상사는 아량이 넓다거나 참을성이 강한 사람이 아닙니다. 그리고 그들 나름으로는 적잖이 바쁘고도 번잡한 양반들이죠. 그러한 분들이 과연 여러분의 글을 오래도록 잡고선 느긋하게 읽어 내려가 주겠습니까.

그렇기에 가망이 희박한 기대는 미리 접어 두고서, 그들 시야에 쉽게 닿을 위치에 본론을 배치해 주는 편이 어지간해선 훨씬 안전하다는 것입니다. 물론 사내 문서에 구태여 예시 문장과 같은 문학적인 '튕기기'를 활용할 필요까진 없겠지만요. 아무튼 문체는 다소 드라이할지언정 '이러이러해서 이 프로젝트가 시

작이 좋습니다'는 것만 첫 문장에 분명히 담아내 준다면 충분하겠지요.

말이 길었습니다만, 제가 결국 여러분께 전하고 싶은 글쓰기 요령은 대략 세 가지 정도로 압축할 수 있겠습니다.

1) 문장을 가급적 단순 명쾌한 형태로 가공 압축하기
2) 잘 말린 문장에 수분과 기름기를 적절히 가미해 부드럽게 읽히도록 윤색하기
3) 독자가 읽다 지치지 않도록 핵심은 가급적 전면부로 끌어내주기

글을 쓸 때마다 이러한 사항을 꼬박꼬박 준수하기야 그 누구라도 쉽진 않겠습니다만, 가능한 한 지켜보려는 노력이라도 하다 보면 문장의 퀄리티는 상당히 나아져 있을 것입니다. 하다 못해 팔자걸음을 고친다 하더라도 매번 바르게 잡고자 의식을 하면 좋은 습관은 시나브로 몸에 배는 법이니까요. 원칙 자체가 대단하다거나 어려운 것은 결코 아닙니다. 결국엔 마음가짐과 태도의 문제일 따름이죠.

3장

구슬 꿰는 테크닉

1

'필살기'는
없을지라도

C사에서 우수한 실력을 발휘했던 기자가 K사로 이직하면, 출근 당일부터 곧장 에이스 대우를 받으며 활약할 수 있을까요?

답은 '쉽지 않다' 입니다. 설령 전 직장과 아예 같은 부서로 배정돼 완전히 동일한 업무를 맡더라도 능력을 단숨에 100% 발휘하긴 어렵습니다. 글 쓰는 속도는 예전에 비해 더뎌지고, 데스크(언론사에서 취재·편집을 지휘하는 간부)는 송고한 기사에 잘못 쓴 부분이 많다며 질책할 것입니다.

왜 그렇게 되는 것일까요? 물론 언론사 성향에 따라 취재처 혹은 취재원이 어느 정도 응대 수준이나 태도를 바꿀 수는 있습니다. 이는 분명 업무 진척이나 성과에 영향을 미칠 수 있는 요인이고요. 하지만 그 정도는 누구나 예상 가능한 변수이며, 채용한 언론사가 이를 참작하지 않고 이직한 기자를 평가한다면 오히려 바보 소리를 들을 일이죠.

실체적인 난관은 의외의 지점에 있습니다. 바로 회사마다 제각각인 '글쓰기 문화'입니다. 여러분은 언론사마다 기사 내 표현에 차이가 있다는 사실을 알고 계시는지요? 예를 들면 조선일보는 다소 애매한 시간대를 표현할 때 '쯤'을 사용합니다. '지난 26일 오후 10시쯤'과 같은 식으로요. 하지만 연합뉴스는 '쯤' 대신 '께'를 씁니다. 즉 같은 시간대를 '지난 26일 오후 10시께'로 적는 것이죠. 뉴스1처럼 '쯤'도 아니고 '께'도 아닌 '경'을 붙이는 언론사도 있고요.

시간 표현뿐이겠습니까? 동아일보는 천 단위를 숫자로 나타내지만, 연합뉴스는 한글로 표기합니다. 이를테면 같은 액수의 돈이라도 동아일보에선 '3000만 원'으로 적지만 연합뉴스에선 '3천만 원'이라 쓰죠. 세계일보는 '부장판사'로 쓰는 표현을 경향신문은 '재판장'이라 적기도 하고요. 한겨레에서는 '홈페이지' 대신 '누리집'을 써야 하며 조선일보는 스포츠면에서 '용병'이라는 표현의 사용이 금지돼 있습니다.

그 밖에도 회사마다 다르게 적용하는 크고 작은 기사 작성 원칙은 한둘이 아니며, 언론사에서는 이를 매우 엄격히 준수할뿐더러 반복해 어기면 상당한 질책을 듣기 십상입니다. 하지만 갓 이직한 기자가 새 직장의 작법을 바로 숙지하고 일필휘지로 기사를 써 내려가긴 그리 쉽지 않죠. 그러다 보니 내용을 떠나 형식상의 문제 때문에 기사 작성도 더뎌지는 데다, 실수도 반복돼 '기본도 안됐다'는 꾸중을 거듭해서 듣기 일쑤인 것입니다.

이는 비단 언론계에서의 기사 작성에만 해당되는 고충이 아닙니다. 세상 모든 회사엔 저마다의 규칙과 프로세스가 있으며, 심지어 동종업계라 해도 사내 문화나 관습에 따른 '비즈니스 글쓰기 스타일'은 천차만별이기 마련입니다. 글로벌 G사에서 스탠다드로 꼽히는 우수 보고서가, 또 다른 글로벌 회사 M으로 가면 아예 처음부터 갈아엎고 다시 써야 할 졸작 취급을 받을 수도 있다는 것이죠.

그렇기에 한 번 익혀 두기만 하면 어느 기업에 몸담건 평생 써먹을 수 있는 '마스터키' 같은 작문법은 세상에 존재할 수가 없습니다. 사랑의 형태가 세상 모든 어머니의 숫자만큼이나 다양하듯, '우수한 비즈니스 작문' 또한 현존하는 회사 개수와 거의 맞먹을 정도라는 것이죠

다만 그것이 곧 글쓰기 공부를 집어치우라는 논리로 이어지진 않습니다. 우리가 고등학교 내내 풀어 대는 그 숱한 문제 중 대학수학능력시험에 '그대로' 나오는 것이 몇이나 있었습니까. 그럼에도 학생들이 잠을 줄여 가며 '수능에서 마주칠 일도 없는' 문제를 푸는 행위에 이의를 제기하는 여론은 사실상 없습니다. 풀이 과정에서 자연히 습득하는 기초 지식과 해결 요령이 '실전'에 응용되리라는 것을 모두가 믿어 의심치 않았으니까요. 실제로 그렇기도 했고요.

비즈니스 글쓰기 학습 또한 마찬가지입니다. 배운 내용을 '그대로' 써먹을 일은 아주 많진 않습니다만 기업마다 글 쓰는 스타일이 각양각색이라고는 해도, 결국엔 그 모두가 기본 작문 원리의 변형이나 응용일 뿐이니까요. 기초 스킬을 면밀히 다져 두고 이를 환경에 따라 적절히 응변할 수만 있어도 발을 들인 회사가 어디건 문서 관련해선 수준급 인재로 통하게 된다는 것입니다.

수학엔 왕도가 없고, 작문엔 필살기가 없습니다. 배움에 대한 열정과 발전을 위해 투자한 시간은 결코 여러분을 배신하지 않습니다. 그렇기에 이어서 설명드리는 비즈니스 문서 작성 요령을 눈여겨 봐 두신다면 분명 언젠간 투자하신 시간에 상응하는 도움을 받는 날이 올 것이라 확신합니다. 시공간을 초월하며 삼라만상에 통용될 수 있는 비법까진 아닐지라도, 시험을 앞두고 외워 두는 기본 공식 정도 역할은 충분히 해 줄 겁니다.

2

보고서

'중언부언'과 '애매모호'만은 금물

보고서 형식이나 내용이야 물론 업종과 사안에 따라 천태만상일 수밖에 없지만요. 그럼에도 그들 전반을 관통하는 지침은 존재합니다. 바로 '중언부언'과 '모호한 표현'만큼은 애써 피하라는 것입니다.

샘플을 하나 끼고서 설명을 계속해 보겠습니다. 저작권 문제를 피하기 위해 이 자리엔 '챗GPT'에 작성을 맡긴 보고서 중 결과물 일부를 가져와 봤습니다. 내용은 A 업체에 의뢰했던 포스터 제작 건이 예정보다 1주일가량 지연됐지만, 그 정도 일정 변경은 수용 가능하므로 비용을 낮추는 조건을 제시하는 상황입니다.

1개월 전에 발주했던 포스터 제작 의뢰 건은 A 광고사의 업체 사정으로 제작이 예정보다 1주일 정도 늦어지게 되었습니다. 그러나 A 광고사와 협의를 통해 지불 비용을 20% 할인하기로 결정하였습니다.

대신할 업체로 고려하던 B 광고사는 계약을 하지 않기로 결정했습니다. 급하게 일을 맡기면 A 광고사보다 비용을 50% 더 지불해야 하지만, A 광고사가 작업을 1주일 늦게 마치더라도 업무 일정은 맞출 수 있다는 점을 고려하여 A 광고사와 계약을 유지하기로 결정하였습니다.

여러분께서 보고를 받는 입장이라면, 어떤 내용을 가장 궁금해하시겠습니까? 아마 대부분은 '그래서 어떻게 처리했다'를 서둘러 읽길 원할 것입니다. 그렇기에 성질이 급한 상사는 위와 같은 보고서를 받아 들면 짜증부터 벌컥 솟을 공산이 큽니다. 첫 문단에 A사와 협의를 통해 지불 비용을 조정했다는 내용이 있어 계약을 유지한다는 암시는 존재하나, 확신이 가능할 정도로 분명한 언급은 하질 않았으니까요. 다시 말해, 맨 마지막에 적힌 'A광고사와 계약을 유지하기로 결정했다'는 내용을 훨씬 앞으로 빼 줄 필요가 있겠습니다.

내용상 중복이므로 제거 가능한 문장도 보입니다. 'A 광고사 작업이 1주일 늦어졌다'는 부분입니다. 굳이 두 차례에 걸쳐 나올 필요는 없죠. 수정 사항을 반영해 보고서 문장을 다시 쓰면 대략 아래와 같이 될 것입니다.

> 1개월 전 A사에 발주했던 포스터 제작 의뢰 건은, 완성까지 예정보다 1주일가량 더 걸릴 듯하나 계약은 유지하기로 결정했습니다. 그 정도는 지연되더라도 전체 프로젝트 일정에 문제가 없기 때문입니다. 다만 납기를 어긴 책임을 비용 20% 할인으로 갈음했습니다. 유사시 대신할 업체로 고려했던 B 광고사는 긴급 제작을 이유로 원 비용보다 50%를 더 요구해 거절했습니다.

상사가 문장 한 줄을 채 읽어 넘길 인내심조차 없을 정도로 성마른 양반이라면 모를까. 이 정도로만 매만져 두어도 결론이 꽤 전반부에 배치되는 만큼 어지간한 봉변은 피할 수 있을 것입니다. 물론 각 회사의 보고서 작성 스타일이나 보고 받는 분의 취향에 따라 글의 형식 또는 스타일을 추가로 손볼 필요는 있겠습니다만. 아무튼 핵심은 '전진배치, 표현은 명확히, 중복은 과감히 제거하라'는 골자는 격하게 달라질 바가 없습니다.

일터의 작문법

또한 보고서를 작성할 때 의외로 간과하기 쉬운 점이 있으니, 바로 상관의 '커리어패스'입니다. 이게 무슨 말이냐 하면요. 내가 모시는 상사라 할지라도 승진 과정에서 밟아 온 루트와 경험으로 쌓은 배경은 나의 그것과 확연히 다를 수 있으니, 보고서에 무심코 담기 쉬운 '전문용어' 선택엔 신중할 필요가 있다는 것입니다.

마케팅팀을 예로 들어봅시다. 실제 필드에선 마케팅팀에서 홍보나 영업 업무까지 포괄해 맡는 경우가 많습니다. 그런 곳에서는 부서장이라 해도 예하 업무를 전부 알진 못하는 상황이 오히려 당연하기 마련인데요.

기자 출신 경력직이 그러한 조직에 홍보 라인으로 입사해, 상관에게 제출할 보고서를 만드는 사태도 이따금은 벌어질 테죠. 형편이 이럴진대 그 인원이 '기자라면', 혹은 '홍보 담당자라면' 이해할 만한 용어로 점철된 글을 써내려 간다면 어떤 일이 벌어지게 될까요? 이를테면 다음과 같이 말이죠.

A건은 B언론사에서 풀아님으로 보도를 준비하며 추가 취재를 요청했으나, 일부 타사에서도 인지하고 있는 사안인 만큼, B사 요구에 따를 경우 여타 매체와의 관계 악화가 우려되는 바, 오는 20일 석간 이후로 엠바고를 걸어 풀하는 것이 안전합니다.

B사 가판을 확인해 혹시라도 발생할 수 있는 엠바고 파기 상황에 대비하겠습니다. 기자단 간사에게도 해당 건은 일정 협의 후 풀할 예정이라고 미리 전달하겠습니다. 만일 B사 C기자가 항의하면 추후 다른 단독을 챙겨 주겠다고 말해 두겠습니다.

암만 홍보 조직까지 아울러 이끄는 수장이라 한들, 영업 분야에서만 성장해 온 팀장이 이러한 보고서를 단박에 이해할 방도 따윈 사실상 전무할 것입니다. 그렇기에 결국엔 작성을 다시 할 수밖에 없을 테고요. 같은 일을 두 번 할 바에야 시작 단계부터 상사의 커리어패스를 넉넉히 고려해 그가 충분히 이해할 수준에서 글을 잡아 주는 편이 훨씬 유리한 것은 자명합니다.

A건은 B언론사에서 자신들만 단독으로 보도하겠다며 추가 취재를 요청했으나, 일부 다른 매체도 그것이 기삿감이 된다고 인지하고 있기 때문에, 정보를 B사에만 독점 제공하면 그들과의 관계 악화가 우려됩니다. 그렇기에 아예 정식으로 보도자료를 만들어서 신문은 20일 석간(당일 오후에 배포되는 신문)부터, 방송·인터넷은 같은 날 오전 6시부터 쓸 수 있도록 제한을 걸고 출입기자단에 배포하는 것이 안전합니다.

B사가 정식 제작에 앞서 미리 찍는 가판을 확인해, 혹시라도 저희가 내건 보도 제한 시점을 무시하고 기사를 싣는 상황에 대비하겠습니다. 출입기자단을 대표하는 간사 기자에게도 미리 연락해 해당 건은 일정 협의 후 저희 회사를 담당하는 매체 전부에 배포할 예정이라고 전달하겠습니다. 만일 B사 C기자가 정보를 자신에게만 독점 제공하지 않았다며 항의하면 추후 다른 건이 있을 때 그가 단독으로 보도할 수 있도록 챙겨 주겠다고 말해 두겠습니다.

이렇게 까지나 풀어써야 하나 싶을 수도 있겠습니다만, 이른바 '업계 용어'라는 것은 생각보다 그 경계가 공고해, 울타리 바깥에 놓인 사람들은 암만 읽어도 바른 의미를 짐작조차 못 하는 경우가 굉장히 흔합니다. 설령 해당 분야에 '젖은' 인물들의 상식에서는 '가나다'나 진배없는 간단하며 직관적인 어휘라 할지라도 말이죠.

게다가 염두에 둬야 할 범주는 직속 상관에만 그치지 않습니다. 혹여나 팀장님이 자신과 직종이나 커리어패스가 유사해, 보고서를 어떤 식으로 쓰건 소통에 별문제가 없다 치더라도 팀장 위의 실장님, 본부장님, 부사장님, 그리고 위계의 정점에 계실 사장님이나 회장님은 과연 어떨까요?

극소수 직무나 직렬이 조직 내 헤게모니를 쥐었거나 구성원 대부분을 차지하는 신문사 같은 특수 케이스가 아니고서야, 어지간한 회사라면 결국엔 첩첩이 쌓인 상사 중 누군가는 자신과 다른 길을 걸어 온 인물일 공산이 크죠. 그런 고로 최소한 내 보고서가 다다르는 범주 내에서는 그 여로에 걸친 상사들의 지식과 커리어패스를 고려해 볼 필요가 있는 것입니다.

다만 이를 뒤집어 생각하면, 보고 라인을 아무리 훑어보더라도 시종일관 동종업계에서 닳고 닳은 '선수들'만 모여 있는 상황엔, 업계 용어를 적극 활용하는 것이 오히려 우월전략이 될 수 있습니다. 함축한 뜻이 깊은 전문적인 어휘를 한껏 쓰더라도, 베테랑들 사이에선 오히려 그런 모습이 넉넉한 경험과 지식을 방증하는 것으로 비춰질 수도 있으니까요. 잡다한 설명이나 해설을 단박에 해결할 전문 용어들이 차치하는 만큼 보고서가 간결해지는 것도 나름의 이점입니다.

그렇다면 보고서를 능숙히 작성하겠다는 명분하에, 신입이건 경력이건 새 조직에 합류하자마자 윗사람들 이력부터 낱낱이 조사해 달달 꿰어 둬야 할까요? 물론 그것도 어떻게든 도움은 되겠습니다만 그보다 더 손쉬우면서도 덜 기괴한 방법이 있습니다. 바로 '탐독'입니다. 부서에서 기존에 생산해 둔 문서들을 최대한 많이 읽어 보는 것이죠.

온갖 문서의 수·발신자와 그에 따른 톤앤매너 변화만 바짝 정리해 보아도, 결재 라인에 따른 글 수준과 엄수해야 할 형식 정도는 대강 짐작되기 마련입니다. 신경을 조금 더 쓰면 회사 사람들이 자주 쓰는 표현이나 암묵적으로 준수하는 규칙 등도 점차 눈에 들어올 겁니다.

이를테면 예전 직장에서는 "애플"(apple)처럼 괄호 위치를 따옴표 뒤에 두던 것을, 옮긴 일터에선 모두가 "애플(apple)"로 쓰고 있다는 사실을 이내 깨닫게 됩니다. 새로 입사한 회사에선 '재가해 주시길 바랍니다'가 '결재 부탁드립니다'를 대신하는 것도 서서히 익숙해지죠. 설사 전반적인 부서 작문 분위기를 이해하기 어렵더라도 기존 문서를 DB 삼아 짜깁기나 흉내라도 철저히 해내면 엉망진창이라는 질타까지 들을 일은 그리 흔치 않을 것입니다.

결국에는 글 계통 비책이 다 그렇듯, 길은 늘 다독과 연습에 있습니다. 단지 그 대상이 시중에 풀린 서적류가 아닌 사내 문서라는 것 정도가 차이일 뿐이죠. 부단한 학습을 바탕으로 조직 전반의 작문 분위기를 익히고 발맞춰 가되, 앞서 안내드렸던 바와 같이 불필요한 동어 반복이나 애매한 표현은 과감히 쳐내며 담백한 문장을 자아내는 것. 널리 인정받는 훌륭한 보고서를 쓰는 요령은 그러한 기반에서 비롯된다 말할 수 있겠습니다.

3

프레젠테이션
시선 이동의 심리학

파워포인트 프레젠테이션, 통칭 PPT의 핵심이 '본론만 간단히'인 것은 직장인 대다수가 동감할뿐만 아니라 익히 알고 있는 사실입니다. 글로 풀어헤쳐 둔 내용을 군이 그대로 PPT에 옮겨 본들 두루뭉술했던 방안이 뾰족한 해결책으로 둔갑되지는 않을 테니까요. 단지 잡소리는 걷어내고 전하고픈 내용만 깔끔히 정리해 쉽사리 한눈에 들도록 하는 것이 PPT 작업의 묘미입니다.

그런 언급하나 마나 한 뻔한 테크닉을 제하고도 염두해 둘 만한 기술이라면, '정보 분량 조절과 배치' 정도를 꼽을 수 있겠습니다. PPT 한 장마다 집어넣는 정보량과 그들의 나열에 관한 이야기인데요. 사실 이 역시 제가 신문사에 몸담고 있던 시절 배우고 겪었던 것에 기반한 요령이긴 합니다.

최근에는 그러실 일이 흔치는 않을테지만요. 지면으로 발행된 신문을 유심히 읽다 보면, 페이지마다 수록된 기사 크기와 정밀도가 제각각이라는 사실을 어렵잖게 포착할 수 있습니다. 어떤 것은 차지한 면적이 매우 광대하며 내용 또한 상세한 반면, 일부는 사이즈가 작고 지극히 단출한 탓에 추가 정보를 따로 찾지 않으면 당최 뭔 사건을 말하고 싶은 기사인지 짐작조차 버거울 정도죠.

이와 같은 차이는 자연적으로 형성되는 것일까요? 즉, 길게 이어지는 기사는 전할 내용이 상당했던 통에 그렇게 내어놓고, 짧은 뉴스는 쓸 말이 드문지라 간략히 칠 수밖에 없었을까요? 물론 그렇진 않습니다. 종이 신문에 실린 사건을 인터넷에서 찾아보면 각 기사 관련한 정보량이 정반대인 경우도 굉장히 흔합니다. 신문엔 대문짝만하게 특필된 A건이 관계자나 전문가 멘트가 빠진 온라인 기사에선 몇 줄 되지 않는 반면, 종잇장 어딘가 한구석에 박혔던 B건을 인터넷 포털에선 스크롤이 제법 긴 보도로 접하게 되는 상황도 꽤나 빈번하다는 것이죠.

이러한 현상은 정보 가치의 '경중'과 깊은 연관이 있습니다.

정보의 중요도는 양과 반드시 비례하진 않습니다. 다룰 내용이 많다 해서 반드시 값진 것도 아니며, 손에 쥔 자료는 적을 지라도 어떻게든 크게 다뤄야 하는 기삿거리 또한 존재하기 마련입니다.

PPT에 실리는 데이터도 마찬가지입니다. 제작자가 선호하는, 혹은 많이 아는 사안이라 해서 분량이 늘어날 명분이 되진 않습니다. 기준은 어디까지나 설득 대상에게 두어야 합니다. 달리 말하자면, '내가 얼마나 쓸 수 있느냐'가 아니라, '보고 받는 이에게 얼마나 보여 줘야 하느냐'에 따라 각 정보별로 PPT에 할애할 분량을 정해 줘야 합니다.

멀리 갈 것도 없이, 학창 시절엔 웬만하면 한 번쯤은 보게 되는, 설익은 학부생의 리포트 대체 프레젠테이션을 떠올려 보면 되겠습니다. 나름 잘 알고 자신 있는 부분은 주제와 핀트가 맞지 않더라도 소상하게 풀어 놓는 반면, 핵심을 파고들어야 마땅한 구간일지라도 조사가 부족했거나 이해가 미흡한 상황에선 짧게 넘기거나 얼버무리는 꼴이 제법 흔하죠. 그러한 발표가 청중들에게 좋은 평가를 받길 기대할 수 있을까요?

분량은 정보를 받아들이는 쪽의 관점에 기대, 완급을 적절히 조절해 냈다 칩시다. PPT에 그것들을 어떻게 늘어 놓는 것이 좋을까요? 그 지점이 곧 '배치'의 문제로 이어지는데요. 이 또한 신문 지면을 연상해 보면 어느 정도 가닥을 잡을 수 있습니다.

종이 신문을 보면 각 지면마다 가장 크고 분량이 많은, 달리 말하자면 가장 메인인 기사 덩어리는 상단부에 위치하는 것이 보통입니다. 아주 가끔은 썩 길지 않은 기사가 최상단부를 배너처럼 가로지르는 때가 있긴 한데요. 도저히 쓸 내용은 없지만 중요도가 너무 높은 기사를 그렇게 처리하며, 업계 용어론 '얇은 톱'이라 부르곤 합니다. 즉, 중요한 정보일수록 위쪽에 놓는 것이 일반적이라는 것이죠. 반대로 말하자면 가치가 떨어지는 기사는 자연스레 아래로 밀려나기 마련이고요.

그러한 일련의 배열 행위가 그저 신문이라는 특수 업종에 국한되는 관행일 뿐이지 않느냐고 되물으실 수도 있겠습니다만, 신문은 그 역사를 근대적인 발간 시스템이 확립된 시기부터 인정하더라도 요하네스 구텐베르크가 인쇄기를 발명한 15세기 무렵까지 거슬러 올라가는, 생각보다 제법 유구한 매체입니다. 그러한 만큼 '신문지에 정보를 늘어놓는 궁리' 또한 수백 년을 헤아릴 정도로 오랜 시간 동안 연구돼 온 문제라는 점에 주목할 필요가 있습니다.

정보를 가공하고 유포하는 주체는 완벽한 중립이 아닙니다. 신문에만 한정되는 명제라 하기도 어렵습니다. 시대와 공간과 매체를 막론하더라도 인류사를 통틀어 그 점엔 예외가 없었습니다. 정도의 차이는 있을지언정, 정보를 쥐고 주무르는 이들은 누구나 본인이 생각하는 사안의 경중을 매체에 반영하길 원했으며, 그러한 욕망에 따라 지면을 편집하는 기술은 차츰 정묘해졌습니다. 그렇기에 신문뿐 아니라 어느 매체에서건 정보를 늘어놓는 기술은 심리학과 깊은 연관을 맺을 수밖에 없습니다.

실제로 신문의 '톱'(가장 크고 중요한 기사, 원고지 7~10매가량)이나 '사이드'(톱 옆에 세로로 길게 놓이는 기사, 원고지 4~5매가량), '박스'(톱 아래 톱보다는 작은 덩어리로 놓이는 기사, 사이드와 마찬가지로 원고지 4~5매가량), '미니'(톱과 사이드, 박스 등을 배치하고 남는 공간에 끼워 넣는 짧은 기사, 원고지 2~3매가량) 등은 모두 심리학과 결부돼, 인간의 보편적인 시선 이동 방향과 기사 크기나 위치에 따라 독자가 무의식적으로 내리는 중요도 판정 등을 고려해 창출된 틀입니다.

비단 '올드 미디어'인 신문만 그러하겠습니까. 포털에서의 콘텐츠 배치도 사실 신문 지면 편집과 유사한 기제에 바탕하고 있습니다. 다만 포털은 템플릿에서 콘텐츠 크기가 대개 비슷한 편

신문사마다 배치는 천차만별이 될 수 있지만, 기본적인 형태는 대략 위와 같다.

이기에, 분량과 사이즈 보다는 배치 쪽이 훨씬 집중적으로 고려 된다는 차이 정도는 존재하죠.

이를테면 포털에서 흔히 보이는, 콘텐츠가 가로 세로로 가지 런히 배열된 영역에서, 이용자 주목도가 가장 높은 위치는 어느 지점일까요? 최소한 실무자의 A/B테스트 및 경험적인 측면에 서 밝혀진 바, 정답은 '좌상단'이었습니다. 보다 정확히는 콘텐츠 가 상하 중에선 상부, 좌우 중에선 좌측에 있을 때 시선을 더욱 많 이 받는 것으로 확인됐습니다.

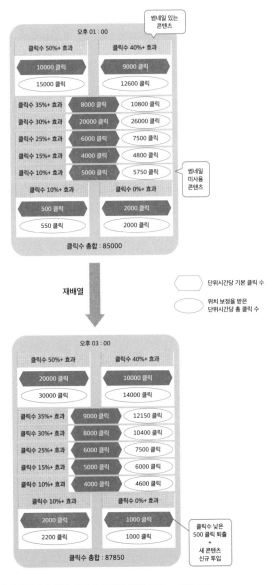

네이버 잡앱에서 확인한, 콘텐츠 위치에 따른 클릭 수 보정 효과

위치에 따른 보정은 절댓값 증가가 아닌 % 부스팅에 가깝습니다. 좌상단에 위치한 콘텐츠가 몇만 클릭의 가치가 있는 것이라 당당히 우대받는다는 개념이 아니라, 자리 효과가 없었으면 몇 클릭이 나왔을 만한 녀석이 좌상단 후광 덕에 원래 잠재력 대비 50% 정도를 더 확보하게 된다는 것이죠. 죽은 콘텐츠를 살릴 정도의 드라마틱한 영향력은 아니겠지만, 그렇다 하더라도 하찮게 스러질 운명이던 콘텐츠마저도 배치를 맡은 에디터 덕에 어찌어찌 명당을 받아 체면치레 정도는 기대할 수 있게 됩니다. 그런 고로 언론사 인터넷 기사 페이지 등 콘텐츠 배열이 주요 업무인 곳에선 에디터 판단에 따라 특정 기사를 눈에 잘 띄는 곳에 밀어주거나, 이권이 얽힌 콘텐츠를 좋은 지점에 두고 클릭 수 증폭을 시도하는 경우가 허다합니다.

이러한 메커니즘 또한 PPT 편집에 응용해 볼 만한 여지가 다분하다는 것이 제 개인적인 생각입니다. PPT 내용 상당수는 한 화면에 수록될지라도 그 가치가 균등하진 않습니다. 어떤 것은 특별히 강조될 필요가 있으나, 다른 것은 대략 짚고 넘어가는 선에서 정리해도 충분합니다. 그러한 상황에선 물물거래만으로도 생산 증대 효과를 얻는 '무역의 마법'처럼, 발표 내용들의 지정석을 PPT 내에서 살짝 건드려 주는 것만으로도 정보 전달력이 강화되는 효과를 기대할 수 있겠죠.

물론 신문 제작법이나 포털의 배치 요령을 PPT에 완벽히 투영하는 것은 무리입니다. 템플릿 자체도 다른 데다 없는 내용 또한 차이가 확연할 테니까요. 하지만 '내가 쓸 수 있는 양'이 아니라 '정보의 중요도'에 따라 콘텐츠 분량을 조절한다거나, '우하단'보다는 '좌상단'이 보다 눈에 띄기 쉽다는 점을 배치에 참고하는 등, 일부 노하우를 차용하는 선에서 PPT 제작에 반영한다면 분명 아무 기조나 맥락 없이 페이지를 엮어 나가던 때에 비해선 훨씬 효과적일 것입니다. 매체야 달라졌을지언정 한 면에 적힌 무언가를 읽어 내려간다는 활동의 근본 자체는 크게 바뀌는 바가 달리 없기 때문입니다.

4

스피치라이팅
에이브러햄 링컨의 '역사적 2분'

회사에 따라선 직원이 고위 임원 연설문을 대필하는 모습도 자주 볼 수 있습니다. 특히나 비서실 또는 홍보실에 속한 사원이라면 언젠간 그러한 업무를 본인이 떠맡게 되는 상황도 생깁니다. 그런 면에서 스피치라이팅이라는 작문 분야도 유관 부서에선 한 번쯤 집필 요령을 고민해 본들 나쁠 것이 없긴 합니다.

따지고 보면 실제 읽히는 바 없이 회사 홈페이지 공지사항에나 게시되고 마는, '연례행사에 딸린 장식' 선에서 용무를 다하는 연설문도 의외로 많습니다만, 그저 그렇게만 쓸 예정이라는 확언을 윗선에서 미리 주지 않는 이상 어쨌든 작성하는 측에서는 낭독이 될 것이라는 전제하에서 글을 써 두는 편이 안전합니다. 더군다나 비디오 플랫폼이 발달한 요즘엔 스트리밍 서비스나 녹화 영상을 활용해 원고를 읽는 모습을 송출하는 것도 얼마든 가능하며, 실제 이를 강행하는 사례 또한 없진 않으니까요. 그렇기에 눈으로만 훑어 내려가는 글과는 구별되는 연설문만의 유의사항을 인지해 둘 필요도 있습니다.

우선, 연설문은 시각만으로 받아들이는 글과 단어 선택부터 달라야 합니다. 독자가 편의에 따라 읽는 속도의 완급 조절이 가능한 '적힌 글'과는 달리, 스피치를 위한 글은 연사의 발성에 정보 전달 속도와 리듬을 의존할 수밖에 없습니다.

달리 말하자면, 눈으로 보는 글은 뜻이 모호하거나 이해가 되지 않는, 과속 방지턱처럼 '턱 걸리는 낱말'이 나오는 때에 잠시 멈춰 생각하거나 문장 전후를 다시 읽는 등의 선택을 할 수 있습니다. 반면 연설은 듣는 이에게 그런 여유를 주지 않고선 귓속으로 줄곧 밀려드는 새 정보가 완전히 파악되지 못한 옛 정보를 빠르게 밀어내 버립니다.

연설문에서 단어 선택의 중요성은, 매년 초 언론 지상에서 흔히 보도되는 각계각층의 '신년사'를 모아 보면 여실히 느낄 수 있습니다. 생각보다 많은 회사가 사전을 장만해 두지 않는 이상 해독이 쉽지 않은 수준의 문장을 엮어 신년사로 내어놓곤 합니다. 그런 글들을 직접 소리 내어 읽어 보시길 바랍니다. 낯선 한 자나 신조어, 외래어 때문에 천천히 훑어 읽더라도 독해가 쉽지 않은 글을, 태반은 성우나 아나운서 출신이 아닐 기업인이 입말 로 전달하면 어떤 일이 벌어지겠습니까.

꼭 같은 사례까진 아닙니다만. 1945년 8월 15일 일본 제국 천 황 히로히토(쇼와 덴노)의 항복 선언 발표를 되짚어 보면 우려 했던 '어떤 일'을 대강이나마 짐작할 수 있습니다. 해당 선언문 은 일본어 문어체로 작성된 데다 '포츠담 선언을 받아들여 무조 건 항복한다'는 핵심 취지를 우회적이고도 모호하게 언급해, 내 용을 떠나 글의 분위기만은 '고풍스런 한자로 점철된 한 기업의 신년사'에 가까울 정도였습니다.
 '공동선언을 수락한다'는 구절이 있는 만큼 유심히 들으면 무 엇을 말하기 위한 선언이었는지는 어떻게든 추정할 수 있습니 다만, 한두 차례 듣는 것만으로 이 발표 전체를 온전히 이해하는 것은 당대 식자층으로서도 쉬운 일이 아니었습니다. 이하 한국 어 번역문을 보면 그 지독한 난도難度가 바로 와 닿을 것입니다.

짐은 세계의 대세와 제국의 현 상황을 감안하여 비상조치로서 시국을 수습하고자 충량한 그대 신민에게 고한다.

짐은 제국정부로 하여금 미·영·지·소 4개국에 그 공동선언을 수락한다는 뜻을 통고하도록 하였다.

대저, 제국 신민의 강녕을 도모하고 만방공영의 즐거움을 함께 나누고자 함은 황조황종皇祖皇宗의 유범으로서 짐은 이를 삼가 제쳐 두지 않았다. 일찍이 미영 2개국에 선전포고를 한 까닭은 실로 제국의 자존과 동아의 안정을 간절히 바라는 데서 나온 것이며, 타국의 주권을 배격하고 영토를 침략함과 같음은 본디 짐의 뜻이 아니었다.

그런데 교전한 지 이미 4년이 지나 짐의 육해군 장병의 용전勇戰, 짐의 백관유사百官有司의 여정勵精, 짐의 일억 중서衆庶의 봉공奉公 등 각각 최선을 다했음에도, 전국戰局이 호전된 것만은 아니었으며 세계의 대세 역시 우리에게 유리하지 않다. 뿐만 아니라 적은 새로이 잔학한 폭탄을 사용하여 무고한 백성들을 거듭 살상하였으며 그 참해慘害가 미치는 바는 참으로 헤아릴 수 없는 지경에 이르렀다.

더욱이 교전을 계속한다면 결국 우리 민족의 멸망을 초래할 뿐더러, 나아가서는 인류의 문명도 파각破却할 것이다. 이렇게 되면 짐은 무엇으로 억조億兆의 어린 백성을 보전하고 황조황종皇祖皇宗의 신령에게 사죄할 수 있겠는가. 짐이 제국정부로 하여금 공동선언에 응하도록 한 것도 이런 이유다.

짐은 제국과 함께 시종 동아의 해방에 협력한 제맹방에 유감의 뜻을 표하지 않을 수 없다. 제국신민으로서 전진戰陣에서 죽고 직역職域에 순직했으며 비명非命에 스러진 자 및 그 유족을 생각하면 오장육부가 찢어진다. 또한 전상戰傷을 입고 재화災禍를 입어 가업을 잃은 자들의 후생厚生에 이르러서는 짐이 깊이 진념하는 바이다.

생각건대 금후 제국이 받아야 할 고난은 물론 심상치 않고, 그대 신민의 충정도 짐은 잘 알고 있다. 그러나 짐은 시운이 흘러가는 바 참기 어려움을 참고 견디기 어려움을 견뎌, 이로써 만세萬世를 위해 태평한 세상을 열고자 한다.

이로써 짐은 국체國體를 호지護持하고, 그대 신민의 적성赤誠을 믿고 의지하며 항상 그대 신민과 함께할 것이다. 만일 감정이 격해지는 바 함부로 사단을 일으키거나 동포끼리 서로 배척하여 시국을 어지럽게 함으로써 대도大道를 그르치고 세계에서 신의를 잃는다면 이는 짐이 가장 경계하는 일이다.

아무쪼록 거국일가擧國一家 자손이 서로 전하여 굳건히 신주神州의

불멸을 믿고, 책임은 무겁고 갈 길은 멀다는 것을 생각하여 장래의 건설에 총력을 기울여 도의道義를 두텁게 하고 지조를 굳게 하여 맹세코 국체의 정화精華를 발양하고 세계의 진운進運에 뒤쳐지지 않도록 하라.

그대 신민은 이러한 짐의 뜻을 명심하여 지키도록 하라.

대략 80년 전에, 그것도 아주 높은 분들께서 적어 내린 공적 연설문이라는 것을 감안하더라도, 작성 테크닉 면에선 청자에 대한 고려가 전혀 없는 모습이 너무나도 여실합니다. 인쇄된 글을 읽더라도 낯선 어휘와 표현이 난감할 정도로 가득한데 이것을 자막도 없는 라디오 방송으로 들었을 당대인들은 그 심정이 어떠했겠습니까. 물론 저 선언문이야 국체 보전(천황제 유지)과 전쟁 책임 회피라는 숨은 목적이 있어 일부러 말을 꼬아 버린 낌새가 다분합니다만, 아무튼 눈으로 보는 글을 쓰던 습관과 요령만으로 스피치라이팅을 하면 이런 상황이 초래되기는 제법 쉽다는 것이죠.

읽히지 않을 연설문과 정말 읽을 연설문을 구분해 쓴다면야 어떻게든 해결이 되겠지만요. 그것은 애초에 '작성자'가 정할 수 있는 문제가 아니라는 것을 이미 앞서 설명드렸습니다. 처음에는 전사 메일로 뿌릴 요량으로만 작성 지시를 내렸다가, 갑자기 모종의 사유로 기업 공식 유튜브에 라이브 스트리밍을 걸고 '육성 낭독을 하겠다'고 방침을 바꾸는 경우도 허다하죠. 여러분도 아시다시피 사내·외로 하는 연설보다 훨씬 중요하고 무거운 사안마저도 윗선에서 나름의 합의만 된다면 실무자의 고충 따윈 알 바 없이 터무니없을 정도로 간단히 방향을 틀곤 하니까요. 그런 분위기에선 글로만 배포하려던 연설문이 구송口誦 대상으로 뒤집히는 것쯤은 대단한 사건이 될 수 없습니다. 그저 담당자가 홀로 감내해야 할 일말의 고초와 시련일 뿐이죠.

연설을 듣는 동안에는 계속해 밀려 들어오는 정보 처리에 정신이 팔려 상념도 복기도 사실상 불가하다는 맥락에서 유념해야 할 사항은 하나 더 있습니다. '간결함'입니다. 기억할 여유도 생각할 겨를도 없는 청중에게 복잡한 해석이나 상세한 기억을 강요해선 곤란합니다. 그런 불친절한 연설이라면 설령 원문 자체에 문학적인 가치가 상당할지라도 웅변으로서는 좋은 평가를 받기가 쉽지 않을 것입니다.

그것을 잘 보여주는 실사례로 미국 남북전쟁 도중 진행된 '게티즈버그 연설'을 들 수 있습니다. 인류사 전체를 통틀어도 손가락에 꼽힌다는 평가를 받는, 그 유명한 에이브러햄 링컨 대통령의 연설만을 가리키는 것은 아닙니다. 같은 날 링컨에 앞서 낭송되며 극명한 대조를 이룬 에드워드 에버렛의 연설까지 함께 묶어 이르는 바입니다.

하버드대에서 그리스 문학을 가르치는 교수였던 에버렛은, 매사추세츠주에서 하원·상원의원과 주지사를 역임하고 영국 주재 미국 공사, 하버드대 총장을 거쳐 국무장관까지 지낸 당대 손꼽히는 거물이었습니다. 살아온 배경이 역사적 의미가 대단했던 만큼 교양과 학식 또한 굉장히 풍부했으며, 그의 연설은 이를 한껏 반영한 덕에 상당히 길고도 화려한 것으로 유명했습니다. 백문이 불여일견이죠. 다음은 1863년 11월 19일, 게티즈버그 국립묘지 봉헌식 행사 당시 링컨에 앞서 에버렛이 읽었던 연설 중 '일부'입니다.

[에드워드 에버렛의 연설]
(…)가장 부적절하게 계산된 것은, 영원토록 역사에 남을 3일(게티즈버그 전투) 전후에 관한 것입니다. 반란군(남군)이 초래한 이 재난의 규모를 축소하기 위해 그것은 단지 강력하게 방어된 지점

에 대한 공격을 격퇴한 것으로 가장됐습니다. 양측의 막대한 손실은 그러한 허위진술을 받아치기에 충분한 반박이며, 3일간에 걸친 전투는 용기와 완고함의 증명이었습니다. 현대에 빚어진 거대한 갈등 중 승자가 이토록 큰 희생과 비용을 치른 사례는 드물었습니다.

북군 측에서는 전체 전역戰域에서 레이놀즈, 위드, 주크 장군을 잃었으며, 바로우, 반스, 버터필드, 더블데이, 기번, 그레이엄, 핸콕, 시클스, 워렌 장군이 부상을 입었고, 영관급 이하 장병을 통틀어선 전사자가 2834명, 부상자가 1만3709명, 실종자가 6643명에 달합니다. 남군 진영에서는 아미스테드, 박스데일, 가넷, 펜더, 페티그루, 샘스 장군이 전사하거나 치명상을 입었고 헤스, 후드, 존슨, 켐퍼, 킴볼, 트림블이 다쳤습니다.

장군 계급 미만 장병은 공식적으로 확인된 바 부상자를 포함해 1만3621명이 포로로 잡혔습니다. 제거해야 할 적(남군)의 부상자, 사망자, 실종자 규모는 파악되지 않았습니다. 추산 가능한 최대 수치를 기준으로 하면 2만3000명으로 짐작됩니다. 또한 미드 장군은 적의 대포 3문과 군기 41개를 탈취했고, 전장에서 소화기小火器 2만4978개를 모았습니다.(…)

재차 말씀 드리는 바, 이는 연설 중 '일부'입니다. 그것도 연설을 총 55개 대목으로 나눈 것 중 단 하나만을 뽑은, 전체 중 2%가 될까 말까 싶은 분량입니다. 이날 에버렛의 연설 전문은 약 6만6000자에 달했습니다. 고희를 한 해 남긴 노인이었던 그가 1500개 가까운 문장을 모두 읽어 내리는 데엔 대략 두 시간 정도가 소요됐다 합니다.

분량 면에서만 고약한 것도 아닙니다. 우리말로 옮기는 때 독자들의 이해를 조금이라도 돕고자 손질이라도 해 둬서 그나마 이런 모양새지, 영어 원문은 현란한 문학적 기교에 더해 온갖 비유와 은유, 인용과 부연까지 연설문 전체에 찐득하게 들러붙어 웬만한 사람이라면 눈으로 찬찬히 보더라도 해독이 어려울 지경입니다. 하물며 귀로 듣는 상황에선 '허위진술'의 비유에서 물음표가 뜬 청자가 정신을 가다듬을 때 즈음이면 연설은 이미 미드 장군의 업적 부분까지 흘러가 있기 십상이라는 것이죠.

게다가 이 글을 접한 현대인이라면 모두가 비슷한 의문을 품었을 만한 지점이 있으니, 바로 '데이터 리딩' 부분입니다. 여기에서 읊는 수치화된 자료는 연설로 풀어내기엔 지나치게 세세하고 과다하죠. 일일이 외기도 어려운 데다 억지로 암기해 본들 전체 맥락을 이해하는 데 필수적인 정보라 말하기도 뭣합니다. 오히려 듣는 이를 괜스레 헷갈리고도 번거롭게 할 뿐이죠. 서면으로 제출하는 보고서라면 모를까, 언변으로 처리할 요량이라면 훨씬 간략하게 정리하거나 과감히 쳐 버리는 편이 나았을 대목입니다.

다만 필요 이상의 오해를 막고자 에버렛을 위한 변명을 살짝 덧붙여 두자면요. 석학 중의 석학으로 꼽히던 인물이 설마 그런 비효율을 전혀 인지하지 못했던 탓에 이런 모양새로 연설문을 뽑아냈겠습니까. 당연히 그렇진 않았고요. 단지 당대의 상식이 지금과는 좀 많이 달랐을 뿐이었습니다.

인터넷이나 TV는커녕 라디오도 없던 시절, 평범한 민중이 많이 배우거나 상당히 높으신 분들의 고견을 접할 방도는 그리 많지 않았습니다. 대중을 상대로 한 공개 연설은 그 드문 루트 중 하나였고요. 그런데 말이 좋아 '공개 연설'이지, 그 시절에 웅변가 일정을 헤아려 보며 그가 출몰하는 장소를 쫓아다니는 것은 결코 쉬운 일이 아니었습니다. 넓기도 징그럽게 넓은 데다 치안 수준마저 입발린 소리로도 든든하다곤 못했을 19세기 중반 미국 풍토에선 더욱이나 말이죠.

그렇기에 당시 연설 무대를 찾은 미국인들의 각오는 가벼운 유람 정도로 치환될 수준이 아니었습니다. 물론 기본적으론 사람들이 모여 있거나 방문하기 쉬운 지점을 변사가 직접 순회하는 배려는 있었습니다만, 그럼에도 청중 태반은 웅변을 듣기 위해 도보나 마차로 그 거칠고 불편한 도로를 수시간 내지 수일 동안은 주파할 수밖에 없었습니다. 적어도 우리가 영화관이나 읍내를 갈 때 품는 결의와는 궤를 한참이나 달리했다는 것이죠. 게다가 '게티즈버그 국립묘지 봉헌식'은 장소가 고정된 행사로서 연사가 대중의 편의를 따져 가며 그들이 찾기 유리한 곳을 짚어 방문할 순 없었던 만큼, 먼길을 힘겹게 더듬어 온 사람은 여타 연설에 비해서도 훨씬 많았을 것입니다.

그런데 그런 난관을 뚫고 접한 연설이 밋밋하고도 짤막하다? 대중으로서는 참기 어려운 수준의 허탈함과 모욕감을 느낄 수밖에 없었을 것입니다. 지금보다 한참은 거칠던 그 시절 분위기를 감안하면 정말 참지 않는 사람도 개중에는 있었을 테고요. 이러한 사정 탓에 연사 입장에선 웅변 내용을 장황하면서도 현학적으로 구성하는 것이 배려며 예의인 동시에 생존을 위한 최선의 방책이기도 했습니다. 에버렛 또한 어디까지나 그러한 시대의 보편 공식에 충실했던 것일 따름이고요.

그런 면에서 따지고 보면, 당대의 상식을 기준으로 했을 때 오히려 기괴한 쪽은 에버렛이 아닌 링컨이었습니다. 직설적 언사로 선명히 드러낸 주제 의식, 누구라도 쉽사리 이해 가능할 정도로 간결 명료한 문장, 집중력을 최고조로 유지하며 전문(全文)을 듣기에도 무리가 없는 3분 남짓한 분량이지만 그 시절의 관념 하에선 높은 평가를 받을 계제는 없었습니다.

실제로 링컨의 그 유명한 게티즈버그 연설은 다음 내용이 '일부'도 아닌 '전부'입니다. 얼핏 보더라도 에버렛의 연설과 대조하면 양은 물론 구성 측면에서도 차이가 확연하죠.

[에이브러햄 링컨의 연설]

87년 전 우리의 선조들은 이 대륙에 자유의 정신으로 잉태되고 만인이 평등하게 창조되었다는 신념에 기대 새로운 나라를 세웠습니다.

지금 우리는 바로 그 나라가, 혹은 이러한 정신과 신념으로 잉태되고 봉헌된 어느 나라라도, 오래도록 굳건할 수 있는지를 시험하는 거대한 내전에 휩싸여 있습니다. 우리는 바로 그 전쟁의 거대한 싸움터인 이곳에 모여 있습니다. 우리가 여기에 온 것은 바로 그 싸움터의 일부를 이곳에서 제 삶을 바쳐 그 나라를 살리고자 한 영령들의 마지막 안식처로 봉헌하기 위함입니다. 우리의 이 헌정은 더없이 마땅하고 옳습니다.

그러나 더 넓은 의미에서 보자면, 우리는 이 땅을 헌정할 수도, 축성할 수도, 신성화할 수도 없습니다. 여기서 싸웠던 용맹한 전사자와 생존 용사들이 이미 이곳을 신성한 땅으로 축성했기에, 보잘것없는 우리의 힘으로 더 보태고 뺄 것 따위는 있을 수 없습니다. 세상은 오늘 우리가 여기 모여 하는 말들이야 별로 주목하지도 오래 기억하지도 않을 것이나, 그분들이 이곳에서 이루어낸 것은 결코 잊을 수 없을 것입니다.

오히려 이 자리에서 살아 있는 자들은, 여기서 싸웠던 그분들이 그토록 고결하게 전진시킨 미완의 과업을 수행하는 데 우리 스스로를 봉헌해야 합니다. 이 자리에서 우리는 우리 앞에 놓여 있는 그 위대한 사명, 즉 고귀한 순국선열들이 마지막 신명을 다 바쳐 헌신한 그 대의를 위하여 더욱 크게 헌신해야 하고, 이분들의 죽음을 무위로 돌리지 않고자 이 자리에서 굳게 결단해야 하며, 이 나라가 하나님 아래에서 자유의 새로운 탄생을 누려야 할 뿐 아니라, 인민의, 인민에 의한, 인민을 위한 통치가 지상에서 사라지지 않아야 한다는 그 위대한 사명에 우리 스스로를 바쳐야 합니다.

시카고 타임즈의 아래 기사를 보면 링컨의 연설을 바라보는 그 시대 지식인들의 관점이 선명하게 드러납니다. 그러한 평론마저 시대상을 여실히 반영해 만연체로 작성된 것이 눈여겨볼 포인트 중 하나고요.

'외국의 지성인들에게 미합중국의 대통령이라고 소개할 사람의 어리석고 밋밋하고 싱거운 연설로 그 자리에 있던 모든 미국인들의 뺨이 수치로 물들었다.'

하지만 그들이야 뭐라 했건 결국 역사에 남은 쪽은 링컨의 연설이었습니다. 이 연설문은 현시대에도 스피치라이팅을 하는 사람들이 반드시 참고해야 할 교본으로 꼽힙니다. 여타 연설문에 직·간접적으로 인용되는 사례가 되기도 하고요. 심지어 웬만한 주요 연설은 원문이나 낭독 장면이 기록 자료로 남아 마음만 먹으면 복기나 재청취가 얼마든 가능한 요즘 시대에도 말이죠.

'연설'이란 근본적으론 오직 한 차례, 오롯이 듣기만 할 수 있는 상황을 상정한 행위로서, 그러한 때에 탁월한 전달력을 발휘할 수 있어야 한다는 쪽으로 인류 전반의 의견이 수렴한 것과 결코 무관하지 않을 것입니다.

여담으로, 야사野史의 영역이긴 합니다만, 정작 에버렛은 당대의 모범이었던 본인의 연설보다 링컨의 그것이 훨씬 우수했다 여겨 다음과 같은 찬사를 보냈다 합니다. 이하 발언이 실제로 에버렛의 입에서 나왔던 것이라면 그 역시 한 시절을 주름잡은 달변가였던 만큼 지성인이 추구해야 마땅할 연설의 발전 방향에 대해서는 깊이 통찰했던 바가 있었던 모양입니다.

"각하께서 어제 봉헌식에서 정말 간결하고 적절하게 각하의 생각을 표현하신 것에 대하여 진심으로 찬사와 존경을 보냅니다. 어제 장장 2시간에 걸쳐 한 제 연설이, 각하께서 2분만에 정확하게 표현하신 봉헌식의 의미에 조금이라도 다가섰다면 그보다 더 기쁜 일이 없겠습니다."

5

기업 소개 블로그

그들의 관심은 애당초 내겐 없었다

직장인에게 필요한 작문법과 관련해 가급적 '테크닉'을 논할 뿐 '내용'에는 관여하지 않겠다 미리 말씀을 드리긴 했습니다. 이번 '기업 소개 블로그'와 다음 편의 '보도자료'는 살짝 특별한 예외로 쳐서 '무엇을' 어떻게 다루어야 좋을지를 더불어 말씀드리고자 합니다. 아무래도 이 둘은 '신문 취재기자'로 사회생활을 시작해 '콘텐츠 기획 및 제작 총괄'로 커리어를 이어 나가고 있는 제 경력과 상당히 밀접한 만큼, 오로지 기법만 논하는 것은 되려 직무유기로 비칠 수 있겠다는 우려 때문입니다.

글을 본격적으로 시작하기에 앞서, 아마도 기업 소개 블로그 작성을 실무단에 지시하는 위치에 계실, 기업 혹은 기관 대표

내지 임원급분들께 해당 업무에 있어 가장 중요하고도 영향력 있는 원칙을 말씀드리겠습니다. 그것은 바로, 사람들은 여러분의 조직이나 회사가 널리 알리고 또한 과시하려 드는 훌륭한 업적과 특별한 이벤트에 '전혀 관심이 없다'는 것입니다.

본인 스스로를 돌이켜 보시길 바랍니다. 허구한 날 책상 위나 메일 서버로 쏟아져 들어 오는, 그 많은 업체의 제안서 및 브로슈어를 모두 꼼꼼히 읽어 보시며 일일이 감탄을 해 주시는지요? 눈길이나 받으면 운이 좋은 편이며, 그러한 행운아마저도 태반은 '별거 없네' 정도 소리나 듣고선 휴지통으로 버려질 것입니다.

책망하는 것이 아닙니다. 오히려 그런 분별조차 없는 인물을 채용한 조직부터가 굉장한 실수를 범하고 있는 셈이죠. 사리 판단이 되는 사람에게 마구잡이로 밀려오는 정보를 선별하는 행위는 지극히 기본적인 업무입니다. 하지만 이를 뒤집어 생각해 봅시다. 여러분께서 그러할진대, 대중은 기업이 흩뿌리는 홍보를 보고서 무작정 감명할 것이라 믿는 근거는 대관절 무엇입니까? 그리고 왜 이 좋은 홍보 문구에 아무도 관심을 갖지 않느냐고 개탄하는 이유는 또한 무엇입니까?

사실 한때 인류는 정보 제공자가 발송하는 내용, 보다 정확히는 매스미디어가 생산하는 콘텐츠는 대중을 직접 타격해 강력하고도 획일적인 효과를 발휘할 것이라 믿기도 했었습니다. 그것이 이른바 커뮤니케이션학에서 정립된 '탄환 이론'이었죠.

하지만 1920년대에 태동했던 해당 이론은 1940년대에 이르러 퇴조해 역사의 뒤안길로 사라졌습니다. 현시점을 기준으론 이미 위력을 상실한지 80여 년이 돼 가는, 낡을 대로 낡은 가설이라는 것입니다. 그렇기에 '일단 뭐라도 게시해 뿌리면 사람들은 보기 마련이니 빨리 많이 만들라'며 실무자를 쫴치는 분들은, 대한민국이 해방을 맞이하기 전 시대에나 거론되던 관념을 강요하는 가혹 행위를 저지르는 것이나 마찬가지인 셈입니다.

여러분 입장에서 재미도 없고 쓸모도 없는 정보가 눈앞에 자꾸 얼씬거리면 저도 모르게 짜증부터 솟듯, 무작정 남발하는 기업의 1차원적인 자기 자랑은 되려 대중에게 반감만 살 뿐입니다. 더군다나 그런 '보기 싫은' 녀석들이 하루가 멀다하고 메일 박스를 쓸데없이 차지하면 받는 입장에선 기분이 어떻겠습니까. 별반 관심 없던 사람이 본인의 매력을 과시하는 내용으로 러브레터를 꾸준히 작성해 건네면, 정성에 감동해 교제를 고민해 볼 것이라는 고색창연한 로맨스적 믿음과 다를 바가 무엇일까요? 결국엔 노동력과 자금을 불태워 가며 기업 브랜드 이미지를 떨구는 해사 행위를 자행하는 꼴입니다.

그렇기에 실무자들은 '트렌드를 반영해서 호감을 사고 눈길을 끌되 회사 홍보는 은은하게 풍기는' 콘텐츠를 공들여 만들자 건의하는 것입니다. 대중은 똑똑하고 소비자는 까다롭습니다. 그들의 눈을 속여 긍정적인 회사 이미지를 밀어 넣으려면 그러한 고도의 기만전술과 우회기동은 필수입니다. 여러분 휘하의 실무진이 '게으르고 애사심이 없어서' 회사 자랑은 넣는 둥 마는 둥 한 '무성의한' 콘텐츠를 제작해 보자고 부추기는 것이 아니라는 말씀입니다.

물론 일부 기업은 '나야, 알지?' 식의 태도로 직설적인 자랑을 던지며 그게 또 먹히기까지 합니다. 하지만 그것은 나폴레옹 보나파르트가 남긴, '대군大軍에는 병법이 필요 없다'는 명언과 같은 맥락에서 벌어지는 현상일 뿐입니다. 잘난 회사는 강력한 군대와 같아 정공법만으로도 목표를 달성하는 데에 무리가 없습니다. 여러분들의 기업이 그러한 강군强軍임에 틀림없다면 우직한 과시 전략을 고수하셔도 좋습니다만, 대개는 그렇지 못하기에 굳이 이런 책을 읽어 보는 것이지 않겠습니까.

즉, 기업 소개 블로그를 맡은 실무자가 정작 블로그에 우리 회사 이야기는 냄새나 옅게 배어 있을 정도로 적게 담는다 해서, 또한 얼마 있지도 않은 자랑거리마저 빙빙 돌려 표현하는 반면 지저분하거나 불필요한 장식 같은 요소는 잔뜩 갖다 붙이며 엉뚱한 방향으로 윤색한다해서, 섣불리 질책하거나 개조를 요구하진 말라는 것입니다. 정작 그 실무자는 대중이 거북함을 느낄 새 없이 회사의 자랑거리는 은연중에 흡수할 수 있도록, 쓴 약에 달달한 겉옷을 입히는 당의정糖衣錠 제조 작업에 여념이 없는 것일 뿐일 수도 있으니까요. 당의정에 들어가는 당분마저 전부가 약재이길 바라는 욕심도 이해는 갑니다만, 사람들이 애초에 그 약을 입에 대려고나 할지를 생각해 보면 어느 쪽이 더 이득인지는 쉽사리 판가름 날 것입니다.

그렇다면 구체적으론, 기업 소개 블로그는 어떻게 작성돼야 효과적인 것일까요? 뭐라도 끄적여 놓고 보도자료를 난사해 인터넷 신문 몇몇 곳에 '최근 ○○○기업의 블로그가 화제다, 네티즌들은 ○○○라는 반응을 보였다'라고 기사가 실리는 꼴이 우수사례가 아니라는 것만은 확실합니다. 기업 소개 블로그라는 개념이 차츰 생기던 15~20년 전에도 이미 그러한 작당 모의는 숱한 네티즌 중 그 누구의 주목도 받지 못했습니다. 오히려 없어 보인다는 비웃음이나 사지 않았으면 차라리 다행이었죠.

일기장 스타일의 기업 소개 블로그 또한 본받을 만한 사례라 말하긴 어렵습니다. '기업의 내부 문화를 엿보다', 뭐 그런 것을 대중의 관음 욕구에 연결해 해석하는 주장도 이따금은 나옵니다만, 관음적인 자극도 감추고 싶어 하는 것을 은연중에 드러낼 때에나 느낄 만한 것이지, 그저 자기들 잘났고 행복하다는 내용으로 점철된 블로그 무더기라면 그런 쾌감이 올 여지가 대관절 어느 구석에 있겠습니까. 오히려 안 하니만 못한, 비호감성 자기 과시나 자랑으로 간주되지 않는다면 그나마 운이 좋은 편이 겠지요.

특히 실무자에게 '요새 어디 어디 기업이 우수블로그로 상을 받았다는데, 거기 참고해 보면 어때?'라는 말은 절대 하지 마시길 바랍니다. 평가 주체가 정부 기관인 경우는 더욱이나 그러합니다. '상을 받았다는 것은 인정받은 것이고, 본받을 만하지 않은가?' 싶을 수도 있겠습니다만, 그런 시상에 있어 블로그를 평가하는 항목은 실용성과는 동떨어져 있는 경우가 99%에 가깝습니다. 디자인, 건전성 등을 중시할 뿐 정작 그것이 얼마나 네티즌에게 호응이 있었는지나 실제 고객 유입에 도움이 됐는지는 대개 논외로 쳐 버리죠. 젊은 분들이라면 이렇게 자문해 봐도 그 심각성이 바로 와 닿으실 것입니다.

'진짜 잘 팔리고 재미있는 게임이 정부 기관으로부터 상을 받는 때가 얼마나 있던가?'

블로그는 '소통'이어야 합니다. 소통이라 해서 네티즌과 부단히 대화할 필요가 있다는 것은 아닙니다. 단지 '이 블로그는 오로지 기업이 전하고 싶은 것만 일방적으로 때려 박고 있잖아!'라는 인상을 주진 말아야 한다는 것입니다.

잘 만든 블로그는 '회사의 입장'이 아닌 '네티즌의 입장'에서 유용함과 재미를 고려합니다. 회사가 전하고 싶은 것은 '재밌으셨죠? 유용하셨죠? 그렇다면 저희의 ○○도 기억해 주세요' 수준으로 슬쩍 묻혀줄 따름이죠. 오로지 회사의 감정과 욕구만이 아닌, 보는 이의 흥미와 관심도 고려한다는 점에서 '일방'이 아닌 '소통'이 성립하는 것이고요.

우수 사례로는 무엇을 들 수 있을까요. 여기서 특정 기업을 언급하면 문제가 될 위험이 있으니, 차라리 개인 블로그를 끌어와 보겠습니다.

몇 해 전 화제였던 이른바 '어느 요리 블로거의 의식의 흐름'을 기억하시는지요. 네이버에서 '이것만 사고 그만 살 거야..' 블로그를 운영하는 '입금완료'님이 바로 그 주인공이었죠. 레시피에 따른 요리 과정을 사진과 함께 선보이며 멘트를 넣는, 지극히 보편적이고도 교과서적인 흐름이지만 그 멘트가 상당히 남다르고 기상천외합니다. 이를테면 갈라진 반죽 사진에 이런 설명을 덧붙입니다.

"분단국가의 아픔이라는 민족의 주제를 타르트에 고스란히 담아낸 것입니다. 남쪽이 더 넓은 것을 통해 저의 애국심 및 국가관 및 안보관을 확인할 수가 있겠습니다." 혹은 딸기를 손질하다 "그런데 딸기의 향긋한 향이 이토록 향긋한데 왜 레몬물은 있고 딸기물은 없을까요?"라고 적었다가 바로 뒤이어 딸기물을 만들어 보고선 "사람들이 굳이 하지 않는 일에는 다 그럴만한 이유가 있습니다. 위대한 발명은 호기심에서 비롯되지만, 모든 호기심이 위대한 발명으로 이어지지 않는다는 사실을 다시 한 번 가슴속에 새깁니다."라며 자조하는 식이죠.

그 블로그를 보면서 이런 생각을 했습니다. 만일 이것이 기업 블로그라면, 그래서 자기네 제품을 한껏 써서 이것저것 만드는 중에 저런 입담을 풀었다면? 일방적인 제품 홍보로 보는 이를 거북하게 만드는 상황은 피하면서도 자연스레 간접광고가 되지 않았으려나 싶습니다. 아니나 다를까 '입금완료'님의 그 블로그 글은 2017년에 작성된 것인데도 캡처는 지금까지 돌아다니고 있습니다. 이토록 가성비 탁월한 홍보도 드물지 않겠습니까.

단, 실무자 측에서도 주의할 사항은 있습니다. '소통'과 '재미'에 과도하게 집착한 나머지 본분을 잊는 지경에 이르면 곤란하다는 것입니다. 창의력과 위트에 기반해 사람들의 이목을 잡아끌기는 하되, 그 내용이 기업과의 연관을 상실할 정도로 엇나가도 문제가 있다는 취지에서 드리는 말씀입니다.

조금 옛날 사례를 끌어 와 보겠습니다. 사실 인터넷이 활성화 되기도 전 일이라 엄연히는 블로그와 무관하지만, 상황의 맥락은 매우 유사하니 참고는 될 수 있을 것입니다. 그것은 바로 80년대 후반~90년대 초반을 살아온 분들이라면 거의 대부분 기억하시는 전설의 광고, '따봉'을 둘러싼 마케팅 이슈입니다.

대한민국 국민 대부분에겐 포르투갈어는 굉장히 낯선 말입니다. '빵'이나 '타피오카', '자몽', '소보로', '캐러멜', '베란다' 등 우리가 쓰는 어휘 중 포르투갈어가 기원인 것도 은근 적잖다지만, 이를 의식하는 사람은 거의 없습니다. 심지어 지난 2014 FIFA 브라질 월드컵 당시엔 국내 공중파에서도 포트투갈어 전문 통역사를 구하지 못해, 학부 재학 중인 전공자를 기용했다가 '축구공 호나우두'라는 희대의 오역이 터져 나왔을 정도로 우리 문화권에선 생소하고도 희귀한 언어 중 하나죠.

그럼에도 '따봉'이 포르투갈어, 정확히는 브라질에서 쓰는 말이라는 것만큼은 30대 이상 중 상당수가 알고 있습니다. 보다 정확히는 "합격을 알리는 한 마디, '따봉'은 '매우 좋다'는 브라질어"로 기억하고 있죠. 그것은 당연히 당대 국내 방송을 휩쓸었던 '델몬트 무가당 오렌지주스 100' 광고 덕택이었고요. 지금보다도 몰입될 정도로 리드미컬하고 흡입력 있는 내용 구성과, 입에도 귀에도 깔끔하게 달라붙는 '따봉' 멘트가 강렬한 대홍기획의 역작이었죠.

문제는 '따봉'이라는 어감 그 자체와, 광고에서 따봉을 날린 뒤 곧장 이어지는 출연자들의 떼춤이 너무나도 재미났다는 것입니다. 그것이 뇌리에 너무 깊게 스며드는 탓에 시청자들은 정작 기업명과 상품 이름을 인지하지 못하는 주객전도가 발생해버렸죠. 실제로 해당 광고가 막 노출되던 1989년 즈음엔 슈퍼마켓에서 손님과 가게 주인 사이에 "따봉 주세요!" "따봉이 뭔데요?" 하는 식의 대화가 제법 자주 오갔다 합니다.

앞서 기업 소개 블로그에서 유의해야 할 사항으로 말씀드렸던, 콘텐츠에서 그저 재미와 후킹만을 추구하다 빠지기 쉬운 함정인, '막상 알려야 할 기업의 무언가가 등한시되는' 사태가 실제로 벌어진 셈이죠.

여담으로 수입사인 롯데칠성음료는 광고 효과 상실을 막고자 이듬해 2월에 상표 등록을 진행하고 '따봉'을 브랜드명으로 하는 주스를 출시했습니다만, 특허청은 따봉에 대해 '등록 불가' 판정을 내립니다. '최고', '정상', 'GOOD', 'NICE' 등 상품이나 서비스의 우수함을 표현하는 단어는 특정 주체에게 독점권을 줄 수 없다는 '성질표시상표' 조건 때문이었습니다.

이 사연이 한층 더 서글픈 것은, 원래는 '따봉'처럼 국민 중 극소수나 알까 말까한 말은 성질표시상표에 해당하지 않았다는 것입니다. 달리 말하자면, 사람들 대부분이 '따봉'을 몰랐던 광고 송출 이전 시점이라면, 상표권 등록에 지장이 될 요소가 달리 없었습니다. 실제로 심사를 담당했던 김문재 심사관은 언론에 "외국어에 의한 성질 표시의 경우 거래계나 일반 수요자가 거의 이해할 수 없는 용어는 성질 표시로 보지 않지만 '따봉'의 예는 그동안 TV광고 등을 통해 '매우 좋다'라는 뜻을 많은 사람이 알 정도가 됐기 때문에 거절할 수밖에 없다"고 부등록 사유를 밝혔다 합니다. 너무 성공해 버린 광고가 결국엔 자승자박이 된 셈이죠.

물론 적어도 아직까진 기업 소개 블로그 업계에선 이와 흡사한 자충수가 목격된 적은 없는 것으로 알고 있긴 합니다만, 그런 일이 향후로도 영영 벌어지지 않으리라 장담하는 것 또한 적잖이 무리한 가정이죠. 역사란 대개 변주를 거쳐 반복되기 마련이니까요.

아무튼 요점을 정리하자면, 노골적인 자랑은 삼가는 대신, '블로그 방문자의 입장에서 흥미와 재미를 느낄 요소가 무엇인지를 깊이 고민하되, 시선을 뺏는 것에 지나치게 치중하다 주와 객이 전도되진 않도록 늘 기업 PR이라는 '진짜 임무'는 의식을 하라'입니다. 물론 이는 쉽지 않습니다. 사실 따지고 보면 인생살이 중 가장 힘겨운 부분도 상시 중용을 지키며 균형 감각을 유지하는 것이니까요.

하지만 앞서 말씀드렸던, 글을 깔끔하게 뽑아내는 테크닉을 한껏 발휘하는 동시에, 저 어려운 밸런스 조절을 섬세하게 수행해낸다면, 단언컨대 어느 기업에 몸담으시더라도 블로그 글 작성 분야에선 전문가 소리를 들으실 수 있을 것입니다. 도달이 쉽지만은 않을 테지만, 다소간의 시행착오를 감내하며 연습을 거듭해 나간다면 결코 넘보지 못할 경지는 아닐 겁니다.

6

보도자료

기자를 이해하기 위하여

글을 쓰는 테크닉에 앞서, 기본적인 작성 방향부터 우선 짚자면, 보도자료는 기업 소개 블로그의 변종이라 생각하며 쓰시는 편이 좋습니다. 무슨 말이냐 하면, 기업 소개 블로그는 PR을 위해 불특정 대중 다수의 이목을 끌어야 하는 반면, 보도자료는 '기자'라는 특정 직업군의 호기심을 자극하는 것이 최우선이며 지상 목표라는 것입니다.

나름 기자 출신인 만큼 딱 그어 말할 수 있습니다. 글로서 보도자료가 얼마나 완성도 있느냐는 명백히 부차적인 문제입니다. 기자는 보도자료에서 말하고자 하는 내용이 기사가 될 만한 감이냐 아니냐를 최우선으로 봅니다. 문장을 잘 썼느냐는 추후의 고려 사항입니다. 애초에 주제를 기자의 취향이나 관심에 닿는 방향으로 부각하지 못했다면, 설령 정약용 선생급 문장가가 되살아 돌아와 매만져 주더라도 그 보도자료는 언론에 내보낼 길이 없습니다.

게다가 대부분의 기업·기관에서 생각하는 '기삿거리'와 기자가 바라보는 '기삿거리'는 아주 판이합니다. 조금 더 정확히 표현하자면, 기업·기관에서 널리 알릴 만한 치적이라 여기는 것은 기자 입장에선 태반이 흔해 빠진 일상에 불과합니다. 제가 기자 직군에 갓 합격해 사내 교육을 받을 때, 강의에 나선 간부께서 이런 말씀을 하신 적이 있습니다.

"이른바 '사건'이란 것이 하루에 3만 개 정도 발생하며, 그중 신문 지면에 얹어지는 것은 300개가 안 된다."

비율로 치면 1%가량이죠. 뒤집어 말하자면 99%는 신문에 실릴 만한 건이 아니며, 보도자료로 살포되는 자랑거리는 안타깝게도 절대다수가 거기에 속할 따름입니다.

이를테면 상시 보이는 보도자료 중 이런 것들이 있습니다. '우리가 최신 기술인 ○○○을 활용해 새로운 서비스인 ○○○을 출시했다.'라는 내용입니다. 서비스를 내놓은 기업 관점에서야 고생 끝에 거둔 상당한 성과일 수 있겠습니다만, 대부분은 다음과 같은 문제 때문에 기자들은 도통 눈여겨보질 않습니다.

첫째, 생각보다 많은 경우에서, 기술 자체가 대단한 것이지 기술을 활용한 서비스가 대단한 것은 아니라는 점입니다. 최근 대표적인 사례로는 챗GPT가 있습니다. 물론 기술을 응용한 서비스도 탁월한 발상과 창의력이 가미된 명작이라면 충분히 주목을 받긴 합니다. 예를 들어 레고만 써서 실제 작동하는 데스크톱 컴퓨터를 만들었다 하면 누구라도 관심을 갖지 않겠습니까? 하지만 거의 모든 보도자료는 그처럼 근본부터 틀을 깬 창의성을 설파하는 내용은 없습니다. 레고 기성품 성채와 외곽 디자인만 설핏 다른 작품을 조립해 놓고선, '우리가 만든 레고 성이 이렇게 예뻐요!'라 외치는 데 그칠 뿐이라는 것이죠. 기사화를 바란다면 '세상에나 레고를 이렇게도 쓰네? 그리고 그게 의미가 있네?'라는 생각이 들도록 기자를 설득할 준비가 돼 있어야 합니다.

둘째, 그나마도 십중팔구는 새로운 서비스조차 아니라는 점입니다. 그저 자신들의 입장에서 신상일 뿐, 이미 콘셉트가 유사한 서비스는 국내·외 어딘가에 존재한다는 것입니다. 보도자료에서야 '이런저런 점이 다르고 개량됐다' 주장은 하지만, 직업상 궤가 비슷한 작품을 숱하게 보게 되는 기자에겐 어지간한 파격이 아니고서야 각별한 흥취가 솟을 리 없죠.

셋째, 몇몇 보도자료는 그것을 기사화했을 경우 언론사나 기자가 처할 입장에 대한 고려가 전혀 없습니다. 가령 요즘처럼 챗GPT가 각계각층으로 침투하는 시절엔, (언론사 입장에선) '고만고만한 기업들에서 챗GPT를 이용했다'는 서로 비스무리한 서비스가 부지기수로 쏟아져 나옵니다. 개중에는 자기 서비스는 특별하다며 기자에게 어필 내지 청탁을 하는 곳도 존재하기 마련인데요. 죄송스럽게도 그런 것들을 수십 수백 개는 우습게 접하는 기자 입장에서야 같은 선물에 포장지나 달리한, 아니, 솔직히 보다 노골적으로 평하자면 포장마저도 거기서 거기고, 기껏해야 리본 매듭이나 다르게 묶은 정도에 그치는 것이 99%입니다.

이 와중에 어느 한 업체만을 콕 짚어서 특별한 것인 양 기사를 써 준다면 어떤 사태가 벌어지겠습니까? 우리와 같거나 되려 우리가 먼저인데 왜 쟤들을 부각해 다뤄 주느냐, 돈 받은 뒷광고 기사냐 등등, 별의별 소리를 몰아 듣게 되기 마련입니다. 경쟁 업체들만 나서서 이런 항의를 하는 것도 아닙니다. 운이 없으면 댓글란과 독자센터 또한 벌집을 쑤셔 놓은 듯 대란이 터지곤 하니까요.

그런 촌극에 이골이 난 기자들 입장에선, 시장의 관점에서 냉정히 판단하건대 괄목할 수준은 결코 못 되는 서비스인데도 애써 남다른 척 분칠을 한 보도자료를 받아 들면 반사적으로 짜증부터 솟을 수밖에 없습니다. 살짝 꼬아 보자면 언론사를 기만해 곤경에 빠뜨리고선 자기네는 이득을 보려는 술책으로까지 느껴질 수 있으니까요.

그렇다면 이러한 상황에서 기자나 언론사가 기대할 만한 '배려'는 무엇일까요. 바로 정당한 '보도 명분'을 만들어 주는 것입니다. 획기적인 서비스까진 애초에 바라지도 않습니다. 하다못해 '포장지'만이라도 여타 경쟁사와 확연히 다르고 독특하며 참신해야 합니다. 그래야 기자들이 기업들을 기사에 거론한 이후로도 독자나 타 기업의 항의를 무던하게 비껴갈 수 있으니까요. 그런 성의조차 없이 '우리는 대단해! 아무튼 남달라!'만 공허한 메아리로 점철된, 유사 서비스와의 비교분석조차 무리일 따름인 보도자료를 무작정 기사화 요청하는 것은 차라리 어린아이 생떼에 가깝죠.

넷째는, 조금은 잔혹한 현실로서, '너희를 어떻게 믿고'의 문제입니다. 국가와 사람이 그러하듯 기업이나 기관 등 조직에도 '신용도'가 있습니다. 비단 경제적인 개념만은 아닙니다. '그들이 하는 주장을 곧이곧대로 믿어 줄 만 하느냐' 여부 역시 신용과 결부되는 지점이니까요.

쉬이 짐작하시듯 삼성, 현대, SK, 네이버 등 공룡급 대기업은 신용도가 굉장히 높습니다. 이들은 회사 이미지를 생각해서라도 어지간해선 '막 던지고 보는' 보도자료를 뿌리지도 않을 뿐더러, 그런 도박수로 언론의 이목을 끌어야 할 만큼 홍보가 아쉽지도 않습니다. 이렇게나 신뢰받는 기업이라면 국민에게 딱히 필요 없다거나 검증을 충분히 거치지 않은 정보를 경솔히 내보내진 않으리라 기자들은 믿습니다.

하지만 이러한 신뢰는 대개 조직의 체급이나 명성에 반비례합니다. 편견으로 치부할 수도 있겠습니다만. 생각해 보십시오. 역대로 한미한 기업에서 획기적인 발명이나 서비스를 출시해 업계를 뒤흔든 사례가 몇이나 있었는지를. 게다가 앞서 말씀드렸듯, 언론사가 날이 바뀌는 때마다 새로이 접하는 정보량은 3만여 개를 족히 헤아립니다. 편견이 좋은 것이라고 어디 가서도 말은 차마 못 할지언정, 실무를 뛰는 기자 입장에선 편견을 발휘하지 않으면 업무 소화가 사실상 불가능할 지경입니다.

그렇기에 보도자료를 발행하는 쪽에선 언론사와 기자를 설득할 책임을 오롯이 져야 하며, 그저 '서비스를 출시했다'는 액션

만으로 그 과업을 충실히 달성하긴 아무래도 쉽지 않죠. 비교적 작고 덜 유명한 기업이 내놓은 서비스일수록 유독 '출시했다'가 아니라 '수많은 사람들이 이용했다', '주요한 기관이 이용했다'라는 제목인 기사가 많이 보이는 것이 바로 이 때문입니다.

물론 아무 말이나 보도자료에 얹어 뿌리더라도 변변한 확인이나 수정조차 거치지 않고 즉각 기사로 발행하는 언론도 드물진 않지만요. 어차피 그런 매체에서 만들어 쏴 주는 기사는 영향력 또한 별 볼 일 없다는 것을 이미 잘 알고 계실 것입니다. 이른바 '메이저'라 불리는 언론사일수록 검증의 벽은 높기 마련입니다. 확실히 검증된 정보를 보도하는 것은 곧 매체의 위력과도 직결되는 만큼 그들 입장에서야 깐깐히 굴지 않을 이유가 없습니다.

그러므로 여러분은 보도자료를 만들기에 앞서 참으로 보도가치가 있는 서비스나 제품이 맞다는 것을 어떤 식으로건 입증해 둬야 합니다. 그것이 선결되지 않았다면 암만 화내고 한탄하며 홍보 실무자를 보챈들 그 모두가 부질없는 망동일 따름입니다.

또한 나름의 가치가 명백한 사안일지라도 언론사의 견지에서, 보다 정확히는 각 매체의 보편적인 독자의 관점에서도 매력

일터의 작문법

을 느낄 만한 건인지를 냉정히 판단할 필요가 있습니다. 귀한 정보라면 그것으로 그만이지 무얼 더 고려해야 하는지를 되물을 수 있겠지만, 사실 우리들이 소중히 여기는 '특별한 이슈' 중 의외로 상당수는 타인에겐 '아무래도 좋은 것'에 불과할 뿐이니까요.

제가 예전에 겪었던 일 하나를 사례로 들어 보겠습니다. 여러분들은 데이비드 하비David Harvey라는 인물을 아시는지요? 도시화와 결부된 자본주의-신자유주의 역학 분석, 공간을 매개로 한 자본 순환과 사회 변천 등의 분야에서 업적을 남긴 마르크스주의 지리학계의 태두죠. 그런 명사가 지난 2016년 대한민국 서울을 방문했다는 것은 그리 잘 알려지지 않은 사실입니다.

당시 서울대 담당 기자였던 저는 지리학과 소속 교수님을 통해 이 소식을 꽤 이른 시기부터 전해 들을 수 있었고, 정보를 얻자마자 상세한 내용을 화급히 정리해 기사 형태로 엮어 보고했습니다. 제 나름으론 세계적인 석학의 방한 보도인 만큼 가치있는 단독이 될 것이라는 기대가 있었죠.

하지만 개인적인 바람과는 달리, 해당 보고는 지면에 얹을 가치가 없다는 판정을 받고 즉각 폐기돼 버렸습니다. 요즘처럼 인터넷 뉴스가 활성화된 시대였다면 하다못해 온라인 전용 기사로라도 내보낼 수 있었겠지만, 지금보다도 온라인 기사를 훨씬 경시, 아니 가벼이 보는 정도를 넘어 천시했던 당대엔 그러한 활용은 고려조차 되지 않았습니다.

기사가 내쳐진 사유는 간단명료했습니다. 보고를 받은 캡(사회부 기동팀장)이 곧장 던진 질문이 대략 이러했거든요.

"하비가 누군데?"

사회주의와 지리학을 결합한 거장, 정치경제학을 공간이론적으로 재구성한 대학자 등등. 중요한 인물이라는 사실을 납득시킬 요량에 제딴은 열심히 설명을 이어 나갔습니다. 하지만 어차피 돌아오는 반박은 신문사 입장에서의 정론일 따름이었습니다.

"그걸 독자들이 알기를 해, 아니면 알아야 해?"

돌이켜 생각해 보건대, 대학에서 지리학을 전공했던 저였기에 데이비드 하비라는 학자의 업적과 존재감은 훨씬 크게 다가와 있었던 모양입니다. 의식이 그렇게 매몰돼 있으니 국민 정서에 비해 그의 방한 기사 가치를 지나칠 정도로 높이 평가했던 것이고요. 훗날 실제로 하비 교수가 한반도를 다녀간 뒤 관련 보도가 얼마나 있었는지를 확인해 보니, 통상적으로 중견 이상 대우를 받는 언론사 기준으론 기사가 두어 건쯤 발행됐던 것에 그쳐 있었습니다. 그에 따른 사회적 파장이나 시선 집중 같은 효과는 더욱이나 관찰되는 바가 없었죠. 이 '단독' 건에 대해서는 지면 기재를 곧장 거절한 캡의 판단이 반박할 나위 없이 옳았던 셈입니다.

특정 집단에서 흔히 말하는 '알릴 만한 이슈'라는 것이 대개 그러합니다. 그들에겐 새롭거나 특기할 만한 의의가 존재할 수도 있겠지만, 상당수는 대중은 고사하고 무리 바깥으로 한 발짝만 나가면 앞서 인용했던 캡의 발언처럼 '알기를 하는 것인가, 알아야 하는 것인가'의 문제에 봉착하기 십상이죠.

머리를 식히고 생각해 봐 주십시오. 소기업 A에서 회장님 아들이 자리를 승계받아 취임하며 밝히는 포부가, 넓게 쳐 주더라도 관계사 너머 사람들에게까지 굳이 전해져야 할 내용일까요? 혹은 종합지 하루 지면에 들어갈 뉴스 300여 개 자리 중 하나를 밀어낼 만한 의의와 재미가 존재하는 것일까요? 보도자료의 동력이 애초에 그 정도뿐이거늘, 홍보팀을 들볶고 보채는 것으로 문제 해결을 도모할 수 있을까요?

한 발짝 떨어져 보면, 여러분들이 '홍보팀의 무능으로' 보도되지 않는다 생각하는 사안 중 다수는 남의 입장에선 '소기업 A 회장님 아들의 승계 취임사'에 그칠 뿐이지 않을까요? 나름의 가치는 명백하지만, 즉 A기업에야 틀림없이 중요한 문제일지언정, 언론사나 독자의 관점에선 부질없는 '정보 공해'일 따름이 아닐까요?

'삼성, 현대, SK 같은 곳은 그런 내용으로 보도자료를 내더라도 잘만 기사화되던데요? 일도 열심히 하는 데다 인맥도 좋고 업무 능력도 탁월한 엘리트 홍보팀이 있으면 해결되는 문제 아닌가요?'라는 반문을 하실 분은 없으리라 믿습니다. 사회인이라면 누구나 기업의 규모나 사회적 영향력 등도 '기삿거리'가 되고 말고에 지대한 영향을 미친다는 사실을 잘 알고 계실 테니까요. 이를테면 제가 서울대 출입 기자 시절 단독으로 입수한 것이, 데이비드 하비가 아닌 폴 크루그먼(지리경제학자, 노벨 경제학상 수상)의 사상 최초 방한 일정이었다면 과연 똑같이 기각을 당했을까요?

'펀더멘탈' 부족을 그저 인력 퀄리티 향상만으로 돌파가 가능하리라 믿는 것도 어른스럽지 못한 발상입니다. 사관생도들에게 소총만 쥐어 주고 전장으로 내몰면 일반 보병과 전투력에서 드라마틱한 차이가 나겠습니까? 실력 발휘도 기반이 충분한 상황에야 온전히 바랄 수 있는 것입니다. 인간의 재능과 열정, 노력만으로 커버 가능한 영역에는 한계가 분명히 존재합니다.

그러한 세태에 불만을 품는 분이라면, 게다가 그것을 끝끝내 담당자의 역량 부족 탓으로 돌리려 드는 리더라면, 다소 거칠게 말해, 언론 대응을 지휘하기에 앞서 사회생활부터 좀 더 공부하실 필요가 있겠습니다. 똑같은 발언이라도 미국 대통령과 부르키나파소 대통령이 한 것은 그 위력과 여파에 막대한 차이가 있지 않겠습니까. 기업과 기관에도 그런 역학 관계와 영향력 격차가 엄연히 존재한다는 점을 이해하지 못하신다면, 제가 더 이상 해 드릴 수 있는 말이 무에 남아 있겠습니까. 그저 안타까울 따름이지요.

힘의 차이 자체는 인지하면서도 어쨌든 지성이면 감천 아니겠냐는 태도를 견지하는 분 또한 계시긴 합니다. '우리가 내보내는 보도자료 대부분이 언론이나 기자 입장에선 매력적이지 않다는 것을 알긴 안다. 그러나 뭐라도 있을 때마다 계속 보내고 또 보내다 보면 구미에 맞는 것이 하나쯤은 있을 것이며, 그렇지 않아 한들 정성에 감복해서라도 이따금은 기사화를 해 주지 않겠느냐'는 논리죠.

틀렸습니다. 제가 현역 기자 시절 목도했던 바, 소위 '같잖은' 보도자료를 주야장천 보내는 업체나 개인은 아예 수신차단을 걸어 버리는 동료가 많았다는 것으로 해당 주장은 간단히 반박해 버릴 수 있습니다. '양치기 소년'만 제대로 일독했더라도 감히 구상할 여지가 없었을 위태로운 전략일 뿐이죠.

꿈은 높되 기대는 현실적이어야 합니다. 원칙적으로는 진흙더미 같은 보도자료 속에서도 오물을 샅샅이 더듬어 진주 같은 기삿감을 발굴해 내는 것이 기자의 사명이지만, 바로 한 발짝 옆에 대기업이 진주를 기관총 탄알마냥 흩뿌려 대는 양식장이 널렸거늘 그런 수고를 애써 감내하는 '참 기자'가 몇이나 되겠습니까. 더군다나 매일 먹거리를 마련하며 마감에 쫓겨야 하는 일간지나 방송 기자라면 더욱이나 말이죠.

그렇기에 명백히 '양'보다는 '질'입니다. 앞서 언급했듯, 보도자료를 단 하나만 낼지언정, '보도 명분'을 확실하게 잡고서 설계해야 기자의 호감을 사기도 쉬울뿐더러 실제 기사로 이어질 확률 또한 훨씬 높습니다. 또한 진정으로 자사 관련 보도가 많이 나와 주길 기대하는 조직이라면, 홍보 자료 발송량을 늘리라며 실무자를 부질없이 쪼칠 바에야, 차라리 홍보 기획 전문가를 바삐 영입해 붙여 주는 편이 훨씬 효율적입니다.

제법 오랜 시간 직접 경험했던 업무 분야와 맞닿은 이야기를 하다 보니 괜스레 말이 길어져 버렸습니다. 이제는 약속드렸던

'보도자료의 작문 테크닉'에 대해 설명해 드릴 시간입니다.

언론사, 특히 신문사는 정치·경제·산업·사회부 등 부서에 따라 기사 작법이 조금씩 차이가 나고요. 보도자료 역시 대응하는 부서 스타일에 맞아야 호감을 얻기 쉬운 만큼 어느 정도는 그들의 특징을 조금씩 따르게 될 수밖에 없는데요.

그럼에도 보도자료 전반을 관통하는 테크닉 원칙이 있다면, 아마도 그건 '자랑을 자랑처럼 하면 자랑이 안 된다'는 것이 아닐까 합니다. 홍보 실무자들은 이 말이 무엇을 뜻하는지를 바로 이해하셨을 것입니다. 그렇습니다. 많은 '윗분들'의 선입견과는 달리, 회사의 자랑거리를 세세히 짚으며 일일이 떠먹여 주는 '친절한' 보도자료는, 오히려 대다수 기자들이 '역하게' 느끼기 십상입니다.

'이 몸이 글솜씨를 발휘하려는데 건방지게도 완성된 채로 줘서 개입할 여지가 없구나' 식의 유치한 관념에 기반한 투정이 아닙니다. 오히려 이것은 기자라는 직업의 근본적 사명과 결부되는 문제입니다. 요즘 세태를 보면 선뜻 동의하긴 어렵겠지만, 기자란 본디 '전달자'일 뿐입니다. 독자의 눈앞으로 팩트를 수송해 이해하기 쉬운 형태로 늘어 놓을 뿐, 사안에 대한 판단은 읽는 이에게 전적으로 맡기는 것이 본연의 임무에 가깝습니다. 단지 일부 정보를 의도적으로 생략하거나 배열을 달리하는 방식으로 언론사가 지향하는 바를 은연중에 내비칠 따름이죠.

예를 들면 특정 언론사가 모종의 이유로 주스 판매 수입상을 비판하고 싶어졌습니다. 기자가 투입돼 공격할 만한 건수를 찾던 중 그 업체가 현지에는 재고가 분명 있는데도 국내 판매 사이트엔 '품절'이라는 표기를 해 놓았다는 사실을 발견했습니다. 이를 보고 "현지에는 주스 재고가 있는데도 A업체는 품절이라며 거짓말을 하고 있다"는 투로 쓰는 것은 기자의 글쓰기가 아닙니다.

언론 꼴을 한 매체라면 "현지에는 주스 재고가 5만 통가량 저장돼 있는 것으로 확인됐으나, 수입사인 A업체 홈페이지엔 구매 버튼이 '품절'이라 적힌 상태로 비활성화돼 있다" 정도로 기사를 냅니다. 주스 생산 업체가 사재기를 우려해 도매고 수입사고 나발이고 1인당 2통으로 구매를 제한했다는 사실까지 적지 않으면 한층 더 완벽합니다. '사실'을 건조하게 보여주되 '골라서' 제시함으로서, 체면은 철저히 지키되 진짜 하고픈 말도 능청스레 전달하는, 이것이 기자의 보도 방식입니다.

달리 말하자면, 노골적인 자랑으로 점철된 보도자료는, 그것을 드라이한 시각으로 객관적인 관찰을 하는 양 변환하는 작업을 기자에게 사실상 강요하는 셈입니다. 그런데 그러한 보도자료를 발주한 주체가, 앞서 설명해 드렸던 이유들 때문에 '신문에 굳이 기재할 필요를 느끼지 못할' 99%에 속하기까지 한다면? 기자 입장에서 품을 미련이 무엇이겠습니까. 주저 없이 등을 지고 '보다 살펴볼 가치가 있는' 다른 안건에 눈길을 돌릴 뿐이겠죠.

제아무리 대단한 성취를 거뒀을지라도, 유독이나 도드라지게 자랑을 하고픈 업적을 달성했을지라도, 보도자료는 건조한 필치로 써 내려가야 합니다. 기자에게 보여야 할 팩트를 선명히 드러내고 전하는 데에만 집중하는 것이지요. 그리고 그런 문체를 고수하는 홍보 실무자를 윗선에서 책망해선 안 됩니다. 그는 기실 보도자료가 기사화될 수 있도록 최선을 다 하고 있는 것입니다. **임무에 충실한 전문가를 비전문가가 본인의 감에 따라 쥐고 흔들려 해 봐야 도움될 것은 무엇 하나 없습니다.**

그렇기에 언론사에서 높이 평가하는 보도자료는, 찬찬히 뜯어 보면 '메이저 신문사'의 지면 기사와 닮은 구석이 많습니다. 팩트를 덤덤히 늘어 놓되 말하고자 하는 바는 누가 보더라도 분명하죠. 보도자료 발행 주체를 부당하게 편애한다는 느낌은 들지 않습니다만, 아무튼 읽고 나면 글에서 다루는 주체에 대한 호감이 솟기도 하고요.

첨언하자면, 여기서부터는 작문 테크닉을 넘어서는 문제이긴 합니다만, 정말로 노련하고 유능한 홍보 담당자는 자랑 범벅인 보도자료를 쥐고서 언론사에 애원하기보다는, 아예 기자들과 모의해 가며 '회사 자랑'을 보다 세련되게 표출하는 저력을 보여 주기도 합니다.

이를테면 제가 과거 풍문으로 들었던 사례 중 이러한 것이 있었습니다. 기자가 어느 대형병원 의사들이 사용하는 메스 브랜드를 파악해 '우리나라 최고의 명의들마저 기술 격차 때문에 국산이 아닌 일제 칼로 집도해야 하는 상황'을 개탄한 기사를 써 낸 적이 있었는데요. 얼핏 보기엔 우리나라의 초정밀 금속 가공 기술력 부족을 질책하는 것을 주제 삼은 것이리라 여겨질 수 있습니다만, 실제 기사의 효력은 해당 병원 소속 의사들을 '명의'로 부각하는 쪽에서 발휘됐습니다. 병원이나 의사 자랑을 노골적으로 던진 부분은 기사 내 어디에도 없었지만, 메스 이야기를 하기 위해 언급하는 의사들은 명의라는 전제를 은연중에 못 박아 버리면서, 독자가 이를 의심 없이 자연스레 수용하도록 유도하는 테크닉을 쓴 것이죠.

물론 '우리 병원 의사들이 일제 메스를 쓰고 있는데, 그것을 역으로 홍보에 활용하자'는 논의가 이미 사전에 있었던 것은 당연한 일이고요. 자랑을 대놓고 범벅으로 칠한 보도자료를 마구 난사하느니, 차라리 이렇게 제대로 된 '홍보 기획'을 설계하는 편이 훨씬 효율적일뿐더러 언론과의 장기적인 관계 구축에도 도움이 되는 것은 자명합니다.

하지만 그럼에도 '노골적인' 자랑이 가득한 보도자료를 내놓아야 직성이 풀리고, 또한 그런 글이 그대로 기사화돼 '메이저 신문사' 지면에 실려야만 일을 제대로 한 것처럼 느껴지는 분이라면, 다른 방식으로 해법을 찾는 수밖에 없겠습니다.

신문 지상에 이따금 보이는 '기사형 광고advertorial'라는 녀석이 바로 그것입니다. 지불한 금액에 비례해 공간을 할당하는 신문사의 '상품'으로, 관련 문의는 각 매체 광고국이나 AD본부로 해주시면 되겠습니다.

뒤집어 생각해 보면 이런 것이 존재하기에 언론사에선 더욱이나 자기 과시적인 보도자료에 관심을 기울일 유인이 없기도 합니다. 돈 받고 기재해 주면 그만일 뿐인 자료들을 상대로, '기자'라는 고급 인력을 대거 투입해 일일이 옥석을 가리는 수고를 자처할 이유가 과연 무엇이겠습니까.

7

사과문
중용中庸의 묘미

지금부터 말씀드리는 사과문은, 조직의 일원으로서 잘못한 개인이 상관에게 제출하는 반성의 글이 아니라, 기업 차원에서 공중公衆에 전하는 B2C적 성격의 문서라는 것을 미리 분명히 해 두는 바입니다. 작성할 일이 아예 없어야 좋을 문서이긴 합니다만, 사람 일이 그저 마음 편한 대로만 흘러가 주리라는 법은 없으니까요.

비단 기업만이 아니더라도, 사회적으로 물의를 일으킨 누군가가 대중에 공개하는 사과문은 뜻밖에도 제법 높은 확률로 공분을 일으키곤 하는데요. 그 이유 중 태반은 죄를 빌겠답시고 쓰는 글에 무리하다 싶을 정도로 옹호와 변명, 책임 회피와 시선 돌리기를 시전하기 때문일 것입니다. '경중을 떠나'서 라거나 '사실 여부를 떠나'처럼 '내가 이 짓을 할 만큼 죄를 지은 것 같진 않지만, 그냥 해 준다'는 인상을 풍기거나, 무엇에 대해 누구에게 사과하는지를 일부러 흐리는 모호한 서술로 점철된 글은, 사내 임원 결재를 통과하기엔 진솔하고 허심탄회한 사죄와 과실 인정보다야 용이할 수도 있겠습니다만, 기실 대중을 상대론 되려 분노를 효과적으로 자극해 차라리 안 쓰니만 못한 꼴을 유발해 내기가 매우 쉽습니다.

그렇다 해서 그저 처분만 기다리겠다는 태도로 바짝 엎드려 읍소하는 식의 사과문 또한 잘 쓴 작품이라 하긴 어렵습니다. 개인이라면 모를까, 큰돈을 다루는 동시에 브랜드 이미지도 신경 써야하는 입장인 회사는 딱 잘못한 부분만 핀포인트로 짚는 깔끔한 대처가 사실상 필수로 요구되기 때문입니다. 보상이 선을 넘어 과도한 수준에 이르면 우선 금전적으로도 낭비인 데다, 그 광경을 보는 대중은 되려 해당 기업이 실제보다 큰 잘못을 저질렀기에 거금을 쓰는 것이라 의심하고 착각하게 될 위험이 있으니까요. 문자 그대로 '과유불급'인 셈이죠.

결국엔 책임을 회피한다는 인상은 주지 않으면서도 잘못 인정과 보상은 딱 필요한 만큼만 선을 그어 깨끗하게 마무리하는, 정밀 타격과도 같은 대처가 가장 이상적이라 할 수 있겠습니다.

다음은 그런 미묘한 선을 잘 지키면서도 굉장히 명료한 필치를 구사함으로서 업계에서 모범 답안 중 하나로 꼽히는 사과문입니다.

지난 2021년 한 요식업체 아르바이트 사원이 매장을 방문한 고객을 모욕하는 내용으로 SNS에 글을 올렸고, 해당 업체 매니저가 이에 대해 용서를 빌며 그들이 취한 조치를 적은 것인데요. 분량은 오로지 다음 6줄만이 전부였습니다.

> 안녕하세요
>
> ○○○○(업체명)매니저입니다
>
> 해당 알바는오늘부로짤랐습니다
>
> 저희도막을방법이없었습니다
>
> 부디선처해주시면감사드리겠습니다
>
> 앞으로알바관리잘하겠습니다

오탈자도 숱하고 띄어쓰기 하나 없는 비문투성이입니다. 그럼에도 우수한 사과문으로 꼽히는 것은 역시 탄탄하고도 조밀한 구성 때문일 것입니다. 인사, 본인 신분 밝히기, 조치 사항, 사고 발생 원인 규명, 용서 구하기, 후속 대응과 다짐에 이르기까지. 사과문의 필수 요소 중 '어떤 사고였으며 우리가 잘못한 사항은 무엇인가'를 제외한 전부가 저 길지도 않은 여섯 문장에 넉넉히 담겨 있습니다. 사실 사고 내용과 업체 과실은 태초의 '항의글'에 정확하게 명시돼 있었기 때문에 굳이 언급할 필요조차 없긴 했고요.

이 글은 게다가 다른 사과문에선 흔히 남발돼 공연히 진심을 흐리고 퀄리티를 떨어뜨리는 '잡설'이 일절 없었다는 점에서 한층 더 고평가를 받았습니다. 본의는 아니었다거나, 나도 마음이 아프다거나, 나만 그런 것도 아닌데 왜 나한테만 그러냐거나, 예기치 않은 일로 불편을 끼쳤다거나, 가족이 어디가 아프다거나, 야구로 보답하겠다거나 하는 그런, 피해자나 대중 입장에선 어찌 됐건 알 바 아닌, 어쭙잖은 말 돌리기나 동정 구걸 따윈 조금도 묻은 바가 없었다는 것이죠. 물론 '이런 엉성한 글이 웬만한 대기업 공식 사과문보다 진정성 있다'는 면에서 반쯤 농담으로 정석 취급을 해주는 면도 분명 있긴 하나, 작정하고 뜯어 보더라도 호쾌하며 군더더기 또한 드문 깔끔한 구성인 것만은 분명합니다.

아무튼 직장인 신분으로 오랜 세월을 보내며 보고서, 기획안,

프레젠테이션 등 '회사 내 윗사람들'의 입맛에 맞는 문서를 쓰는 데 익숙해지다 보면 어느덧 잊기 쉽습니다만, 보도자료나 기업 소개 블로그 등과 마찬가지로 사과문은 결국 '회사 바깥사람들'을 헤아리며 써야하는 글입니다. 그것도 모종의 의혹이나 불만을 가득 품은 성난 대중을 상대로 해서 말이죠.

그렇기에 사과문은 평소에 쓰던 글과 달라야 합니다. 사내 높으신 분들께서 보기에 흡족한 문구 대부분은 군중의 분노를 자극하는 기폭제가 됩니다. 회사에서 감추거나 말을 돌리고 싶어하는 부분은 빼거나 가려 봤자 사람들이 눈치 못 채는 것도 아닙니다. 오히려 사죄의 진정성을 나락으로 떨구는 협잡질로 인식되기 일쑤죠. 결재를 수월하게 받기 위한 사과문을 써선 안 됩니다. 분노한 클라이언트를, 민심을, 대중을 필시 달래고 납득시키겠다는 마음가짐으로 그들의 불만이 서린 대목을 세밀하게 짚으며 응어리를 풀어야 합니다.

이쯤에서 되물을 수 있습니다. '진정성 있는 단어로 깔끔하게 사과하고 인정하면 상사가 결재를 안 해주는데요? 감정 호소나 말 흐리기 등을 더 첨가하라 요구하면서요.' 이런 경우라면, 감히 말씀드리건대, 한시바삐 새 부서나 직장을 알아보시는 편이 좋겠습니다. 책임을 회피하려 드는 것이 기본 태도인 데다 근시

안적이기까지 한 인물을 상관으로 모시는 판국에 휘하 조직과 개인의 영달을 그 얼마나 기대할 수 있겠습니까. 그런 곳에 오래 머물러 봐야 앞으로도 읽는 이의 화만 돋울 사과문을 억지로 써야 할 일은 빈번할 것이며, 그러다 보면 어느덧 원인이 되는 잘못들은 책임 회피와 전가를 시전하는 상사들을 슬그머니 거쳐 말단에 얹힌 여러분의 귀책으로 떠넘겨져 있을 테고요.

지나친 가정이 아니냐고 반문할 수도 있겠지만, 어쨌든 과실과 책임을 신속 명확하게 정리할 역량이나 의지가 없는 조직은 그 어디건 진득하게 붙어 있을 곳이 못 된다는 사실만큼은 분명합니다. 그런 의미에서 최대한 긍정적인 방향으로 생각을 해 보자면, 사과문을 쓰고 결재를 받는 수모와 괴로움은, 어쩌면 몸담은 회사의 리스크 대처 역량을 가늠하는 절호의 기회라고도 해석할 만한 여지도 있겠습니다.

8

번외

'테스트'는 그야말로 테스트

.

"수상한 쌀 세슘 씨, 수상한 쌀 세슘 씨, 오염된 쌀 세슘 씨
(怪しいお米 セシウムさん, 怪しいお米 セシウムさん, 汚染され
たお米 セシウムさん)"

이것은 실제 일본 지역 방송 화면에 송출된 '이벤트 당첨자
명단'입니다.

지난 2011년 8월 4일 '도카이 테레비'에서 여름방학 특집 선
물 축제 당첨자 공지를 내보내던 때 수령 대상자로 공표한 것입
니다.

물론 저 3종 '세슘 씨'는 실존하는 사람 이름이 아니었습니다.
방송 날짜에서 짐작할 수 있듯 사건이 벌어진 때는 동일본 대

지진이 발생한 이래 반년이 채 지나지 않았던 시기였고요. 지금 예정 상품이었던 쌀 10kg은 동일본 대지진 피해 지역인 이와테현에서 생산된 작물이라 합니다. 자막 담당자는 지진 여파로 발생한 후쿠시마 원자력 발전소 사고 당시 세슘이 유출됐던 것에 빗대 '리허설용 멘트'를 저렇게 구성했던 것이고요.

하지만 분명 '리허설' 때에만 사용했어야 할 문구는 본 방송에도 그대로 버젓이 노출됐습니다. 시청자들 반응이야 굳이 말할 필요는 없겠죠. 방송 직후 사장이 직접 나서서 사과를 했고 사고를 친 담당자는 징계 해고됐습니다. 방송사는 상황 수습을 위해 그해 8월 말 즈음 특별 기획 프로그램인 'P-CAN TV 부적절 방송, 우리는 왜 실수를 저질렀는가'를 송출했고, 이후로도 여섯 차례에 걸쳐 동일본 대지진 피해 지역의 부흥을 기원하는 방송을 내보냈습니다.

암만 내부에서만 보는 테스트용 글이라 해도 물의를 일으킬 정도의 장난을 치는 것은 성숙한 사회인으로서 반드시 지양해야 할 불문율입니다. 1990년대 초 영국의 은행인 'National Westminster Bank'에서 벌어졌던 사고도 훌륭한 반면교사 중 하나입니다. 이들은 당시 고객을 대상으로 새로운 서비스 이용을 촉구하는 광고 메일을 준비하고 있었는데요. 업무를 맡은 프로그래머가 테스트용 메일 제목을 '친애하는 부자 ××들에게 Dear

Rich Bastard'로 설정했던 것이 문제였습니다. 여러분도 능히 짐작하셨을 바와 같이 이 제목을 단 메일은 은행 데이터베이스에서 추려낸 최상위 고객 2000여 명을 대상으로 속절없이 날아가 버렸고요.

피해 고객 중 일부는 오히려 은행이 공인한 '돈 많은 ××'를 자랑으로 여겨 'Dear Rich Bastard'를 인쇄해 걸어 놓기도 했다는 말이 있습니다만, 모두가 그렇게 유쾌한 대응을 해 주기를 바라는 것은 분명 과도한 기대였겠죠. 그렇기에 설령 회사 내부에서만 시험으로 쓰는 글이라 해도 웬만하면 드라이하게 작성해 두는 편이 여러모로 신상에 좋다는 것입니다.

4장

'도전하는 어른'들을 위한 글 지침서

1

'멀티링구얼'을 향한
첫걸음 떼기

　졸업을 앞둔 학생은 물론, 사회생활을 처음 시작한 일터에서
몇 해를 묵묵히 견뎌 온 직장인도, 신입 혹은 경력직으로 새 직
장에 도전하기 위해 자기소개서를 작성하는 때엔 부담과 당혹
감을 느끼는 경우가 많습니다. 구직자 포지션에서 기업에 어필
할 목적으로 쓰는 글은 학교나 회사에서 흔히 해 오던 작문과
문장의 결이나 부각할 지점 등이 사뭇 다르기 때문입니다.

　글쓰기 테크닉엔 왕도나 필살기라 부를 만한 것이 달리 없다
는 말씀은 이미 드렸습니다. 그렇기에 '학생'이나 '직장인' 역시
삶의 궤적을 따라 익혀 둔 필법을 '구직 시장'에서까지 전가의
보도로 활용하긴 어렵습니다. 버겁고 귀찮더라도 달리 방도가

없습니다. 다시 배우는 수 밖에요.

다만 그 배움이라는 것에 미리 겁을 먹을 필요는 없습니다. '직장인의 글쓰기'와 '구직자의 글쓰기'에 어느 정도 차이는 있지만, 그 학습 난도가 계통이 생판 다른 외국어를 새로이 배우는 것에 빗댈 수준은 결코 아니니까요. 오히려 근본적으로는 '비문학 작문'의 갈래 중에서도 근연종인 만큼, 조금만 거슬러 오르면 조상을 공유하는 동족어同族語를 익히는 것에 가까울 수 있겠습니다.

언어 간 유사성이 높은 편인 유럽에선 고학력자가 아니더라도 여러 말을 자유로이 구사하는 폴리글롯Polyglot이 꽤 많습니다. '직장인'과 '예비 직장인'의 글쓰기가 비록 다르다고는 하나, 아주 남남이라 부를 정도는 아닌 고로, 조금만 신경을 쓰면 어느 쪽이고 수월히 해내는 멀티링구얼Multilingual이 되는 데에 별반 어려움은 없을 것입니다.

먼젓번 장에서는 주로 직장인의 글쓰기를 이야기했으나, 여기에서는 예비 직장인, 다시 말해 구직자를 위한 글쓰기를 주로 논하게 될 것입니다. 다만 그렇다 해서 구직을 이미 최소 한 차례에 걸쳐 끝까지 겪어 본 '현직자'에겐 일독이 불필요한 섹션이라 그어 말하긴 어렵습니다. 자리한 곳이 달라지면 풍경 또한 자연히 바뀌듯, 취업준비생들의 이력서나 자기소개서를 보다 '무슨 글을 이따위로 써서 내는 거지?'라며 짜증을 냈던 현직자라도, 막상 그가 구직을 하는 입장에 처했을 때엔 본인이 지적했던 그 잘못을 그대로 답습할지도 모르는 일이니까요. 면접관 경험이 있는 직장인이라 한들 꼭 '내가 살펴 본 입사지원서가 몇 개인데 글쓰기 공부를 해?'라고 단정 지어 생각할 일만은 아닐 것입니다.

2

회사도 이미 알고 있다,
당신이 모른다는 것을

앞선 장에서 필법은 회사마다 다르고 여러분은 그 '로컬 룰'
에 최대한 빠르게 적응할 수록 유리하다 적어 두긴 했습니다만,
기실 그것은 어디까지나 해당 집단에 이미 속한 인원을 대상으
로 하는 조언입니다.

누구든 중학교 수준의 사회 과목만 제대로 이수했더라면, 타
인은 나와 거쳐 온 문화적 배경이 다르며, 그로 인해 언행과 풍
습에서 차이가 날 수 있다는 사실을 정확히 인지하고 있을 것입
니다. 기업도 마찬가지입니다. 같은 집단 내에서 부대끼며 충분
한 사회화를 거친 인원이라면 모를까, 한솥밥을 먹기 전인 이방
인마저 자기네 습속을 똑같이 수행해 내길 바라는 회사는 애초

에 제대로 된 곳이라 말하기조차 어렵습니다.

글 역시 그러한 고려의 연장선에 놓인 요소 중 하나입니다. 작문은 인류 문화 활동의 한 갈래로서, 그 스타일은 개개인 삶의 궤적과 무관할 수 없습니다. 그렇기에 동일한 회사에 지원하는 취업준비생을 모아 두더라도 글 쓰는 방식은 당연히 제각각이 되는 것이죠. 정상적인 기업이라면 이러한 상황쯤은 당연히 인식하고 있습니다. 물론 작문 능력과 기술 자체가 업무 역량이고 주요 평가 대상인 언론계 같은 곳은 취업 준비 단계부터 기자의 글쓰기 방법을 철저히 따르고 익힐 수밖에 없습니다만, 이런 곳은 굉장히 드문 편이니 논외로 해 두겠습니다.

아무튼 요지는, 일반적인 회사라면 글을 알아먹을 방도가 없도록 못 쓴 것이 아닌 이상, 자기네 회사 작문 방식에 맞지 않다고 내치는 일은 좀처럼 없다는 것입니다. 지극히 당연하고도 뻔해 보이는 사실을 굳이 왜 강조하냐면요. 비록 직장인의 글쓰기를 먼저 설명드리긴 했지만, 적어도 취업준비생 단계에선 그것을 애써 따라 하려는 생고생을 자처할 필요까진 없음을 분명히 해 두고 싶어서입니다.

회사 문을 한창 두드리고 다니는 때엔 합격을 도모하기 위해 신경 써야 할 거리가 한둘이 아닙니다. 학점과 스펙을 넉넉히 챙기는 것은 물론, 업무와 직접 연관된 스킬은 누구보다도 우수한 수준으로 다져 둘 필요가 있죠. 그런데 그 와중에 지망하는 회사 스타일의 글쓰기 방식, 조금 넓게 쳐 주더라도 직장인의 작문법을 익히는 데 시간과 공을 들인다는 것은 개인적으로는 자못 비효율적인 투자라 봅니다. 같은 양의 노력을 투여했을 때 점수를 따기 좋은 분야가 여럿 있기 때문입니다.

'그래도 기왕이면 지망하는 회사 내부에서 통용되는 작문 스타일을 습득해 두면 나쁠 것도 없지 않나요?' 이런 반문이 나올 수 있겠습니다. 그것은 당연한 사실입니다. 하지만 능률 문제는 차치하고라도, 각 회사 바깥에서 그것을 제대로 배울 수 있는 루트가 과연 몇이나 존재할까요? 친인척 중에 해당 기업 간부라도 존재하지 않는 이상 남의 직장 작문법 학습은 십중팔구 '어설픈 모사'에 그칠 뿐입니다. 막상 기업에서는 취업준비생이 '자기네 필법'을 구현할 것이라 기대하는 바도 딱히 없는데, 애매한 흉내로 귀결될 학습에 굳이 시간과 공을 들이는 것은 어느 모로 따져 본들 남는 장사가 되긴 어렵습니다. 웬만해선 뱁새가 황새 쫓아가려다 가랑이 찢어진다는 옛말 꼴이 그대로 나기 일쑤겠죠.

물론 그렇다고 이력서를 막 휘갈기라는 것은 절대 아닙니다. 직장인 특유의 작문법을 죽어라 따를 필요까진 없을 뿐, 이래저래 사회 전반에서 인정받을 만한 '제법 글 잘 쓰는 사람' 수준을 추구하시는 정도면 됩니다. 학업으로 치면 대학원 가서 석·박사를 하는 수준으로 파고들 필요까진 없다는 것이지, 학부 단계의 교양 정도로는 익혀 둬서 심히 손해 볼 바는 아닌 셈입니다.

그렇다면 '학부 교양' 수준에 부합하는 작문 테크닉은 무엇일까요. 그 또한 제시 가능한 기준점이 여럿일 수 있겠으나, 지극히 개인적인 생각으론, 이 책 초반부에 설명드렸던 글쓰기 요령 중에서도 '윤문' 단계 직전 즈음이 아닐까 싶습니다. 다시 말해, 일단 적어 내린 글에서 군더더기 제거와 문장 세분화만 주의 깊게 수행하더라도, 어지간해선 펜 끝이 너저분하다는 지적은 피해 갈 수 있다는 것입니다.

거기에 더해 내용 구성 단계에서 주장과 근거가 깨끗하게 맞물려 나가도록 말 고르기와 배치에 부단히 신경을 쓴다거나, 중언부언한다는 인상을 주지 않도록 동어 반복은 삼가는 등의 조치 정도를 병행해 두면 강도 높은 윤문 절차까진 감행하지 않더라도 웬만한 지원자들 사이에서 돋보일 정도로는 이력서를 꾸릴 수 있습니다.

여러분께서 구직 성공 후 승진을 거듭해 자기소개서를 검토하는 자리까지 오르면 문득 깨닫는 때가 올 것입니다. 쏟아져 들어오는 글 더미 사이에서 이따금, 말하고자 하는 바를 깨끗이 다듬어 낸 작품을 마주하면, 반갑고도 고마운 마음까지 솟는다는 사실을 말이죠. 검토 작업도 결국엔 사람이 하는 일인 이상 좋은 점수를 받기엔, 그리고 인간적인 호감을 사기엔 그러한 자기소개서가 보다 유리하다는 것은 자명하지 않겠습니까.

3

'상품 카탈로그'를
왜 그따위로 써요

"연비가 나쁘고, 발열이 심하고, 성능 테스트도 충분히 거치지 않았습니다. 하지만 믿고 써 주신다면 최선을 다해 기대에 부응할 수 있도록 하겠습니다."

어떤 회사에서 신상품을 출시하면서 설명이랍시고 이러한 문구를 내걸었다 생각해 봅시다. 여러분이라면 이런 물건을 구입해 쓸 기분이 들겠습니까? 제조사부터 품질을 자신하지 못하는 제품에 매력을 느끼는 소비자는 거의 없죠.

상황을 약간 다르게 잡아 보겠습니다. 구직자가 본인을 소개하는 글을 작성한다 가정해 보죠. 우리가 보통 '자기소개서'라

부르는 그것 말입니다. 그런데 거기에 '비록 부족하지만', '경험은 많지 않으나', '대단치는 않더라도' 등의 문구가 한가득이라면 읽는 이가 어떤 인상을 받겠습니까? 그렇습니다. 적어도 구직을 목적으로 하는 글을 작성하는 때엔, 지나친 겸양은 결코 미덕일 수만은 없다는 것입니다.

살짝 노골적으로 표현하면, 자기소개서는 기업에 '나를 돈 주고 사가라'는 어필을 하기 위해 쓰는 일종의 판촉 문서입니다. 최저임금을 기준으로 하더라도 사람 한 명엔 매년 2500만 원가량이 소요됩니다. 복지나 비품 제공 등을 감안하면 거기에 더해 나갈 비용 또한 만만치 않고요. 더군다나 잘못된 인재를 뽑는 '채용 실패'까지 벌어진다면 지출은 걷잡을 수 없이 치솟기 마련입니다.

실제로 미국의 경제 전문 매체인 〈포춘〉이 조사했던 바 채용에 한 차례 실패했을 때 기업이 뒤집어쓰는 손해는, 직·간접 비용을 모두 고려했을 때, 일반 사무직 기준으로 선발 대상자 연봉 대비 3~5배에 가까운 수준이었다 합니다. 그러니 기업은 자연히 사람을 뽑을 때마다 신중한 태도를 견지할 수밖에 없죠.

상황이 그러할진대 인사담당자가 '내가 생각보다 좀 별로일 수도 있다'는 여지를 남기는 지원자에게 관대할 수 있을까요?

아니, 보다 정확히 굳이 관대할 필요가 있을까요? '나는 충분히 괜찮은 사람'이라 주장하는 자기소개서도 이미 가득할 텐데 말이죠. 정체 모를 후보자 중에서 '하자품'을 택해 그 책임을 온전히 떠안는 리스크는 그 누구라도 피하고 싶을 것이 자명합니다.

과장 광고를 장려할 심산이냐 하면, 그렇지는 않습니다. 애초에 비하 광고는 과장 광고의 유일무이한 대안이 아니니까요. 자신의 장점과 강점을 진솔하게 엮어내면 됩니다. 불리한 지점을 굳이 자진해 드러내거나 부각할 필요까진 없습니다. 상품 판매를 유도해야 하는 마케터의 심정으로 스스로 면밀히 들여다 보시길 권합니다. 고객들에게 '구매 충동'이 들도록 하려면 무엇을 소개해야 좋을 것인가? 그러한 고민들은 곧 자기소개서에 수록할 만한 그럴듯한 문구로 이어지기 마련입니다.

채용은 돈을 이 정도 쓰면 당신 조직에 얼마만큼의 효용을 안겨 줄 수 있다 주장하는 협상이지만, 결국엔 인사권자의 마음을 공략하고 설득하는 여정입니다. 비용 대비 효율이 우수함을 충분히 설명하는 데다 인간적인 호감까지 이끌어내는 방향으로 자기소개서를 뽑아내면 경쟁자들에 비해 훨씬 우위에 설 수 있다는 것이죠.

그런 점에서 '구직 과정'은 구애와 흡사합니다. 교제 전 호감을 쌓는 단계부터 "성격이 모나지만", "게으르긴 하지만", "미래가 불투명하지만" 등의 자기 비하적 언급을 굳이 할 필요가 있을까요? 창작물에서 종종 눈에 띄는 "비록 가진 것은 없지만", "부족한 몸이지만" 운운은 인연이 좋은 방향으로 확정된 이후 세리머니 정도로나 할까 말까 한 소리입니다. 최선을 다해 한껏 잘 보여도 모자랄 시점에 '나'라는 '상품'의 가치를 직접 나서서 적극 절하해 유리할 구석은 달리 없죠.

그렇기에 마케팅적 관점으로 생각하건, 구애하는 상황으로 치환하건 자기소개 구성 전략은 결국 하나로 수렴할 수밖에 없습니다.

"상대가 바라는 바를 면밀히 파악하고, 그것에 부응할 수 있는 나의 강점을 적극 피력하라."

감당 못할 허위나 과장을 들이붓지는 않되, 괜스레 단점을 끄집어내는 실책은 피하면서도, 보유한 장점 중 상대의 필요를 채워 줄 수 있는 것은 열렬히 어필하는 방향으로 글을 전개해야 합니다.

자기소개서에서 본인의 단점을 묻는 항목이 있을 때, '진짜'를 솔직히 털어놓으면 곤란하다는 조언도 유사한 맥락에서 나오는 것입니다. 약점이나 하자 하나 없이 완벽한 사람도, 제품도 세상엔 존재할 리 없습니다. 하지만 그러한 미흡함을 남의 눈에 띌 곳에 손수 일일이 적어 드러낼 이유도 없고요.

지원자가 스스로를 흠결 없는 사람이라 자처하면 도리어 수상할 것은 자명합니다만, 수습 못할 단점을 적나라하게 보이는 것도 '불량품이지만 사서 쓰라'고 강권하는 꼴이나 다를 바 없는 만큼, "무결점까진 아니더라도 그 정도 단점은 이러이러한 방식으로 극복 내지 벌충이 가능한 데다, 장점은 이토록 풍부하기 때문에 나는 분명 괜찮은 인재다"는 요지를 전할 수 있도록 서술할 필요가 있습니다.

우리나라 사람들은 대체로 자기 과시를 주저하는 편입니다. 남들과의 차별화를 논할 정도로 성취나 업적이 뚜렷한 경우가 드문 '신입 취업준비생' 단계에선 더욱이나 겸허해지며 자랑을 망설이곤 하죠. 하지만 '상품'을 골라야 하는 회사 입장에선 그러한 소극적 자세가 되려 옳은 선택을 방해하는 요소로 작용할 수 있습니다. 나의 가치를 기업에 온전히 알리겠다는 마음을 견지하며 '훌륭한 카탈로그' 제작에 매진하시면 필경 좋은 결과를 기대할 수 있을 것입니다.

4

제목만 아무리
매콤해 봤자

"상황이나 글쓰기 역량에 따라 다를 순 있겠지만 굳이 따지자면, 일반적인 취업준비생 수준을 상정한다면, 제목이나 첫 문장을 자극적으로 구성할 궁리를 하기보단 차라리 무난하게 뽑는 편이 나은 듯해요."

예전 직장의 에이스 후배이자, 존경하는 작문 코치인, '뽑히는 글쓰기'의 저자 최윤아 작가님께서 해 주신 말씀입니다. 제가 주재한 라이브 웨비나에 초청받아 글을 두괄식으로 구성하는 방법에 대해 설명해 주시던 중, 시청자로부터 제목이나 첫 문장을 어떤 방향으로 잡아야 할지 고민된다는 질문을 받았는데요. 이에 관한 답변이 바로 위의 그것이었습니다.

당시 MC를 맡고 있던 저는 작가님께서 답을 주시기에 앞서 '개인적으론 케이스 바이 케이스라 생각한다'고 말을 했습니다만, 곧이어 작가님 견해를 듣고 나니 그 의견이 제 답변보다 훨씬 정답에 가깝다는 생각이 들었습니다. '케이스 바이 케이스'라는 것도 어느 정도 배경 지식과 글 경험이 있는 사람들 사이에서나 통할 소리지, 보편적인 취업준비생의 작문 수준을 고려하자면, 작가님 말씀대로 평이하게 가는 편이 실전에서는 훨씬 안전하기 때문입니다.

왜 그러한지는, 꽤 극단적인 사례이긴 하지만, 다음 문장을 예시로 설명드려 보겠습니다.

오늘, 엄마가 죽었다. 아니 어쩌면 어제, 모르겠다.

알베르 카뮈의 소설 '이방인'의 첫 문장입니다. 굉장히 자극적이죠. 책을 펼치자마자 이 문구와 마주한 독자들은, 작품 속에서 당최 무슨 일이 벌어지고 있는지를 궁금해할 것입니다. 그렇게 솟는 맹렬한 호기심에 따라 시선을 자연히 이어지는 문장 쪽으로 옮길 수밖에 없고요.

하지만 취업준비생 중 태반은, 아니, 거의 전부는, 카뮈가 아닙니다. 노벨 문학상을 받은 특급 작가였으니 저렇게나 충격적인 첫 문장을 던지고서도 작품 내내 필력과 흡입력을 유지해 나갈 수 있었지, 범상한 직장인 수준에서 그러한 묘기를 부리는 것이 어찌 가당키나 하겠습니까.

인트로 문장 하나야 어떻게든 강렬하게 뽑아냈다 치더라도 그에 상응하는 후속 전개를 수백 수천 자에 걸쳐 이어 가기를 기대할 순 없습니다. 더군다나 시간을 무한정 제공하지도 않고 글 쓰는 공간 또한 개인의 편의나 선호에 맞춰 주지 않는, 이른바 언론 고시 같은 '작문 시험' 상황에서는 더욱이나 말이죠.

첫 문장의 파격과 이어지는 문장의 졸렬함에서 오는, 그 '낙차'는 생각보다 더 평가자를 허탈하고도 짜증나게 만듭니다. 사람 심리라는 것이 어쩔 수 없습니다. '클로저스'라는 게임에 나오는 모 캐릭터의 말마따나, '기대를 하니까 배신감도 드는 것'입니다. 처음부터 아무것도 기대하지 않으면 배신당할 일도 없고요.

좀 더 와 닿을 만한 사례로는 '인터넷 기사 제목'을 들 수 있겠습니다. 이 케이스는 주로 필력보다는 내용 쪽에서 격차가 발생하는 편입니다만. 아무튼 제목을 접했을 때의 기대감과 클릭 후 밀려오는 실망감의 괴리는 더 이상의 자세한 설명은 생략하더라도 이미 다들 잘 알고 계시겠죠.

제목과 첫 문장에만 치중한, 혹은 몸통과 꼬리가 머리 수준을 따르지 못하는 여러분의 작문은 인사담당자 입장에선 '낚시 기사'나 별반 다를 바가 없습니다. 사람을 낚은 기사는 클릭 수를 부풀리면 돈이라도 벌지, 취업준비생은 글로 평가자를 화나게 한들 얻어낼 것이 무엇 하나 있겠습니까.

게다가 지금까지 드린 말씀은, 그나마 '제목이나 첫 문장을 잘 쓴 덕에 궁금증을 유발했다'는 상황을 가정한 것입니다. 문제는 현실에선 되려 서두 부분에서의 '어설픈 도발'로 인해 평가자 대다수가 자기소개서를 파쇄기에 미련 없이 꽂아 버린다는 것입니다.

최윤아 작가님이 염려했던 부작용도 사실은 맥락상 이쪽에 훨씬 가까웠습니다. 즉, 취업준비생 수준에선 눈길을 끌거나 있어 보이려는 문장을 쓰려다 오히려 자폭 스위치를 누르는 실수를 저지르기 쉽다는 것이죠.

딱히 터무니없는 우려도 아닙니다. 저 역시 자기소개서를 검토했던 경험을 돌이켜 보자면 인상을 짙게 남기려는 욕심을 내다 지나치게 단정적인 어조, 맥락에 맞지 않는 비유, 논리의 비약, 주장에 견강부회한 근거, 화자의 의도와 어긋나는 명언구 인용 등을 무심코 저질러 버린 취업준비생이 그리 드물지도 않았습니다. 무려 '제목'이나 '첫 문장'에서부터 헛소리를 내지르는 글을 보며 평가자는 무슨 생각을 하겠습니까. 그렇습니다. '더 읽어 봐야 시간 낭비일 뿐인 말 같지도 않은 작문' 이외엔 달리 상상할 수 없죠.

'그렇다면 만일 정확하게 잘 아는, 펜대를 굴리기에 자신 있는 이슈나 주제가 글감으로 나왔다면 제목이나 첫 문장을 다소 과감하게 구성해도 괜찮을까요?' 이런 질문이 나올 수도 있겠습니다만, 솔직히는 그마저도 권하지 않는 편입니다. 수험생 내지 취업준비생이 흔히 빠지는 '깔때기'의 함정 때문인데요.

지식이 좁고 얕은 사람 중엔 접하는 사안을 폭넓게 바라보고 고민하는 대신 자신의 협소한 견문과 상식 내로 어떻게든 끌어들이며 해석을 시도하는 이가 적지 않습니다. 그것을 일각에서 은어 비스무리하게 '깔때기'라 부르는 것이고요. 일반적으론 배움이 어설픈 경지에서 스스로가 아직 부족하며 공부를 한참은 더 해야 할 처지임을 인정하지 못하는 때에 쉽사리 범하는 실수입니다.

문제는 평소엔 그런 기미가 전혀 없던 사람마저도 '중요한 순간'에 '아는 것'이 눈에 띄면 돌연 과한 자신감이 터져 나올 수 있다는 것입니다. 그리고 수험생이나 취업준비생의 일상에서 그토록 '중요한 순간'은 대개 서류 지원 단계 내지 필기 혹은 면

일터의 작문법

접 시험 도중일 테고요. 운명을 좌우하는 결정적인 순간에 '내가 잘 아는 것'이 나와 버리면, 품은 지식을 내세워 경쟁자들을 확실히 제칠 천재일우의 기회가 도래했다 판단하면, 아직은 미숙한 학생 내지 사회초년생 상당수는 흥분을 다스리며 상황을 객관적으로 돌아볼 자제력을 제대로 발휘하질 못합니다. 자기소개서나 시험 작문 초입에서 종종 보이는 거창한 도입구, 확신 가득한 말투, 장엄은 하지만 묘하게 논제와 어긋나는 위인의 명언 등은 거의 그러한 서투름에서 비롯하기 마련이죠.

하지만 웬만한 수험생과 취업준비생의 지식 및 필력은 그들 스스로가 가늠하는 바에 비해서도 한참이나 부족한 실정입니다. 그들이야 확신에 차 단언하는 투로 글을 쓰지만, 현업자의 시선으로 보면 얼토당토않은 이론이나 전개를 무리하게 밀어붙인 것이 대부분이죠. 재직 연차와 축적된 경험치를 기반으로 빗대자면, 학부생이 교수에게 제출하는 답안에 학문적으로 명쾌한 답을 내리는 양 적어 내린 것과 유사합니다. 물론 인류사를 통틀자면 '코즈의 정리'를 학부 졸업 전에 도출한 노벨 경제학상 수상자 로널드 코즈처럼 규격 바깥의 천재가 아주 없는 것도 아니긴 합니다만, 그런 사례를 우리네 일상에서 흔히 접하리라는 기대를 하기까지는 아무래도 어려움이 있죠.

그러한 이유로 최윤아 작가님은 취업준비생의 '인상 깊은 제목이나 첫 구절 작성'을 모험으로 간주하고서 보다 안전한 길을 걷길 권고한 것입니다. 어설프게 잘못 알던 지식을 만고의 진리인 양 당당히 적어 내, 통렬한 지적과 더불어 낯부끄러운 점수를 받는 학생의 우를 범하진 말라는 취지죠.

참고로 최윤아 작가님 역시 어린 시절 입사 시험에서 비슷한 실책을 손수 저지르고서 이러한 교훈을 뼈에 새긴 것이라 합니다. 그것이 구체적으로 어떤 사연이었는지는 작가님의 저서 『뽑히는 글쓰기』에서 확인하실 수 있습니다.

5

묻는 말에나
대답하라

"학생들에게 공부를 왜 해야 하고, 왜 대학에 진학해야 하는지를 솔직하게 얘기해주는 것, 그리고 그 힘든 과정을 같이 겪어내는 것이 강사의 역할이라고 생각합니다. 먼저 진솔한 어른의 모습을 보여줘야 학생의 마음을 얻을 수 있다 믿기에, 소통을 잘하는 강사가 되려고 부단히 노력하는 사람입니다."

성실히 작성한 자소서, 7년여간 4회에 걸쳐 학원에서 강사로 일한 이력, 그리고 950점을 넘어선 상위권 수준의 TOEIC 점수. 이는 한 취업준비생이 실제로 채용 중인 영어 학원에 제출한 이력서 및 자기소개서 내용입니다. 이 정도면 영어 학원 강사 지원서로는 손색이 없어 보입니다. 문제가 있다면 그가 이 경력을 내세워 지원한 곳이 '영상 촬영/편집 채용' 분야라는 점이죠.

사실 이 채용 공고엔 '경력 무관'이 명기돼 있긴 합니다. 영상 관련한 기술이나 경험이 없는 분일지라도 지원 자체엔 문제가 없다는 것이죠. 하지만 그렇더라도 진정 입사를 바랐다면, 적어도 자기소개서에 "학교보다 학원에서 공부를 더 열심히 했고, 강의실 앞에서 에너지를 발산하는 강사들을 보면서 꿈을 키웠습니다"라는 내용이나 "주위를 돌아보며 동료들과 잘 호흡하는 강사가 되고 싶습니다"라는 다짐을 적기보다는, 왜 굳이 진로를 바꿔 영상 업계에 입문하고 싶은지, 관련 경험이나 기술이 없음에도 회사에 어떻게 이바지할 수 있는지 등을 상세히 설명하는 편이 훨씬 나았겠죠.

이와 같은 '복붙 사고'는 채용 무대에서 상당히 흔합니다. 사실 이 대목에서 말씀 드리고자 하는 것은 조금만 주의하면 피해 갈 수 있는 이런 시시한 잔실수가 아닙니다. 애초에 따지고 보자면 복사 붙여넣기를 잘못하는 것은 글 쓰는 기술에서 논할 만한 의제조차 아니기도 하고요.

진정으로 경고하고 싶은 것은, 앞서 언급한 바와는 좀 다른 형태의 '제목과 답변 불일치'입니다. 그것은 바로 작문이 길어지는 때에 글쓰기 초보들이 행하기 쉬운 '의식의 흐름'에 따라 나오는 내용 전개입니다.

누구나 학생 시절 한 번쯤은 경험해 보셨을 것입니다. 통일의 필요와 당위를 논하며 시작했던 글이, 왜인지 결말 즈음엔 북괴의 세습독재를 규탄하는 방향으로 흘러가 버린 꼴을 말이죠. 이는 어른조차 흔히 범하는 실수입니다. 특히나 작문 재주가 부족한 이는 도입부와 결말이 엇갈리는 수준을 넘어, 인접한 구절 사이에서도 조응 관계가 흐트러지다 결국 막판엔 주제와는 동떨어진 엉뚱한 주장을 펼쳐 내기 일쑤죠.

이른바 '언론 고시'처럼 현장에서의 논술이나 작문 절차가 예고된 시험은 실수가 차라리 덜합니다. 그쪽 방면 수험생 대부분은 어디선가는 '이런 시험에는 목차 구성이 필수'라는 정보를 얻어듣고 실전에 임하기 때문입니다. 제가 근거 없는 자신감에 차올라 일필휘지로 써 내리고선 낙방 통보를 받았던 인생 첫 언론사 필기시험에서도, 돌이켜 보건대 답안지와 더불어 제출한 연습지에 목차를 그려 내지 않았던 응시자는 달리 눈에 띄는 바가 없었던 듯합니다.

우리네 사는 세상일이 대개 그러하듯, '참사'란 보통 긴장의 끈을 놓는 시점에 터져 나오기 마련입니다. 취업을 위한 작문에서는 '자기소개서'를 쓰는 때가 바로 그러한 순간입니다. 복사 붙여넣기를 마구잡이로 한 것이 아니라면 처음에 든 예시처럼 아예 첫 문장부터 질문을 비껴나가는 결례까진 좀처럼 범하지 않습니다만, 손수 쓴 글이라도 중반 내지 후반부 인근에서부터 갈피가 흐트러진 작품은 의외로 상당히 흔하게 접할 수 있습니다.

사실 숙고나 정리없이 길게 늘여 나가다 보면 중심을 잃기 쉬운 것은 말이나 글이나 마찬가지라, 어지간히 경험 많은 베테랑이나 천부적인 글쟁이가 아니라면 긴 글을 쓸 때 어느덧 방향을 잃는 상황은 부지기수입니다. 그렇다 해서 자기소개서를 쓰는 때 목차를 구성하는 '유난'까지 떠는 이는 몇 없습니다. 감독관도, 시공간 제한도 없는 글쓰기에 그런 '피곤한 긴장과 수고' 씩이나 들이는 것은 도통 타산이 맞지 않으리라 여기기 쉬우니까요.

하지만 여러분은 그리해야 합니다. 목차를 써서 맥을 잡고 다 쓴 글을 퇴고까지 하는 유난을 애써 떨어 줘야만 합니다. '왜'라고 물으시면 안 됩니다. 취업은 생계가 달린 중차대한 문제입니다. 사자는 토끼 한 마리를 사냥할 때에도 전력을 쏟고, 무예 고수는 초등학생을 상대할 때에도 최선을 다하는 법입니다. 하물며 한낱 약자인 취업준비생이 각고의 노력을 기울일 각오조차 없이 삶을 좌우하는 싸움터인 '서류전형'에 도전한다는 것은 부질없이 명을 재촉하는 꼴일 뿐입니다.

실제로 지난 2020년 7월 채용인증기관인 한국바른채용인증원이 채용 전문 면접관 2급 이상 자격을 취득한 164명을 대상으로 설문한 결과, 응답자 중 80%(복수 응답)가 '질문의 의도를 이해 못하고 엉뚱하게 기재한 동문서답'을 지체없이 낙방시키는 자기소개서 유형으로 꼽았습니다. 심지어 '지원한 회사가 아닌 다른 회사명을 표기한 경우'(73.8%)나 '지원 회사와 관련한 내용 없이 회사명만 바꿔서 제출한 듯한 내용'(64.6%)처럼 노골적으로 타 기업에 내려던 자기소개서를 고쳐 내려다 발각된 케이스 보다도 핀트에 어긋난 작문 쪽의 인상이 더 나빴다 합니다.

그렇기에 조속한 취업을 바란다면 자기소개서를 쓰기에 앞서 목차를 공들여 구성하는 것은 물론, 본문을 작성하는 동안에도 틈틈이 질문 쪽으로 눈을 연거푸 옮겨 줘야 합니다. 적어 내리는 답변이 기업에서 던진 물음의 궤를 올바르게 타고 있는지를 안전 관리하듯 지속해서 점검해 줘야 합니다. 자신의 글에 취해 방심하며 내달리는 순간 참사는 발발합니다. 글을 맺은 이후의 퇴고 또한 소홀해선 안 됩니다. 작문에 있어서 초지일관은 가장 어려운 기술 중 하나이며, '글 초보'에겐 더욱이나 그러한 문제입니다. 이것만 제대로 해 내더라도 깊은 고민 없이 자기소개서를 죽 적어 내리는 동급의 경쟁자들은 비교적 수월하게 밀어낼 수 있습니다.

그렇다면 혹시나 자기소개서 답변 요구량이 적은 때엔 약간은 마음을 풀고 편히 써 내려가도 되는 것일까요? 죄송스럽지만 꼭 그렇지만도 않습니다. 분량이 줄면 글이 엇나가거나 흐트러지는 일이 없도록 검토와 조율을 계속하는 부담이야 덜해지겠지만, 아무튼 내가 쓰고 있는 자기소개서가 '묻는 바에 합당한 답변'을 내놓고 있느냐 하는 문제는 작문 양과 상관없이 늘 촉각을 곤두세워야 할 중대 사안이기 때문입니다.

설명만으론 와 닿기 힘든 부분인 고로, 사례를 하나 들도록 하겠습니다. 문항에서 기업이 원하는 바를 제대로 캐치하지 못해 나름 준수한 스펙을 갖췄음에도 서류전형조차 뚫지 못했던 한 젊은이의 자기소개서 일부입니다. 저작권이나 명예훼손 문제는 염려하지 않으셔도 좋습니다. 12년 전 제가 직접 작성했던 글이기 때문입니다. 새삼 다시 보아도 굉장히 수치스럽군요.

Q. 지원자께서 홍보 직무를 지망한 이유를 서술해 주세요.

A. 저는 조선일보에서 2개월간 인턴사원으로 근무했고 좋은 평가를 받아 정규 사원으로 채용돼 출근 대기 중입니다. 인턴 경험을 통해 제가 언론 분야에 적성과 재능이 있다는 점을 깨달았으며, 홍보와 기자는 불가분의 관계인 만큼, 홍보 분야에서도 역량을 발휘할 수 있을 것으로 생각해 귀사의 이번 전형에 지원을 결심했습니다.

얼핏 보기에도 제정신이 아니죠. 그 시절의 저는 실로 그랬을 것입니다. 아무튼 세간에서 그렇게도 어렵다 하는 '언론 고시' 문턱을 끝내 넘어서 버린 만큼 우월감에 한껏 도취된 것은 물론, 조선일보 최종합격 통보가 이미 '보험'으로 존재했던 마당이니 되면 좋고 아니면 말고 식으로 가벼이 제출하는 자기소개서에 정성이나 열정이랄 것을 그 얼마나 쏟기나 했겠습니까.

응시한 직렬은 대부분 홍보였습니다. '다른 직무도 아닌 홍보인데 대충 써도 조선일보 취재기자 합격자라면 어련히 알아서 눈에 띄겠지', 대략 그러한 오만과 방자함에 푹 절어 있던 시기였으니까요. 회사 입장에서 어떤 인재를 뽑고 싶을지는 별달리 고민도 하지 않았습니다. 내심 '신입 채용에 메이저 언론사 합격자가 오면 기업 쪽이 이득 아닌가?' 하는 생각에 사로잡혔던 탓이죠. 대학 졸업장도 받기 전인 여물지 못한 풋사과였음을 감안하더라도 그 시절의 저는 어떤 식으로든 훈육과 교정이 필요했던 것이 아닐까 싶습니다. 돌이키면 돌이킬 수록 말이죠.

회사의 질문에 저 따위로 답변을 한 것도, 따지고 보면 결국엔 그런 무례한 사고의 연장으로서 벌인 일이었습니다. 기업은 당연히 지원자가 홍보라는 업무에 얼마나 진심이며 직무 수행을 위해 어떠한 준비를 해 왔는지를 들여다보고 싶었을 것입니다. 저는 거기에 지망 이유랍시고 '왜 당신네에 지원하면서 마케팅이나 영업 직무를 고르지 않고 홍보를 택했냐면'을 끼얹어 버렸고요.

문항이 해독하기에 유달리 어려운 것도 아니었습니다. 제가 건성으로 읽었을 뿐이죠. 질문이 간단하고 요구하는 답변 분량도 짧을 지라도, 취업준비생이 진지한 마음으로 임하지 않는다면 이처럼 터질 사고는 결국엔 터지기 마련인 것입니다.

그래도 스펙이 탁월하면 자기소개서야 아무래도 좋지 않을까 싶으실 수도 있겠습니다만, 현실은 꼭 그렇지 만도 않습니다. 예시로 든 저 기업을 비롯해, 최종 합격은커녕 실무 면접조차 허락해 준 곳이 단 하나도 없었습니다. 그럼에도 '에이 아무렴 어때 이미 붙은 회사에 가면 그만이지' 하는 생각으로 대수롭지 않게 넘겼습니다.

나이를 먹고 되돌아보니 당시의 행동은 비할 바 없이 한심하고도 안이했을 따름입니다. 결국에 택한 회사가 무엇이었을지는 모를 일이더라도, 모든 진로 확보에 최선을 다해 가능성을 넓혀 두는 것은 제 인생에 결코 나쁠 일이 없는 행위였습니다. 그때 자기소개서 문항 읽기나 목차 구성, 퇴고 등을 철저히 수행했던들 제가 무릅쓸 손해랄 것이 그 얼마나 됐겠습니까. 기껏해야 게임이나 서너 판 못 하고 EPL 경기나 몇 건 놓치는 정도였겠죠. 그런 사소한 희생만 감수하면 한껏 여유를 부리면서도 삶의 방향을 보다 폭넓게 고민할 수 있었을 것을, 인생에 몇 없는 좋은 기회를 아주 정성껏 걷어차 버린 셈입니다. 그것도 불가항력이나 실수 때문이 아닌 스스로의 게으른 선택 때문에 말이죠.

여러분은 저처럼 어리석어선 안 됩니다. 제 잘못을 답습하면 기껏 귀한 시간을 쪼개 독서를 해 주신 의미가 없습니다. 저의 실패를 다른 산의 거칠고 못난 돌덩이로 삼아 여러분의 옥석을 연마해야 합니다.

그러니 질문을 면밀히 살피십시오. 기업이 과연 무엇을 바라며, 그러한 자기소개서 문항을 왜 여러분께 던졌는지를 치열하게 고민해야 합니다. 무심코 써 내리는 글이 어느덧 궤도 바깥으로 이탈한 것은 아닌지 수시로 염려해야 할 것입니다.

6

주장은 근거를
바탕으로

"(자기소개서에 적어 주신)침대 브랜드 홍보 건 관련해, 사소한 것을 놓치지 않는 세밀한 소통력이 어떻게 발휘됐나요? 포트폴리오를 봐도 이력서를 봐도 이 부분은 알 수가 없던데요. 그리고 소제목부터 꼼꼼함을 언급했는데, 자기소개서 어디에도 그 주장을 뒷받침해 주는 내용이 없어요. 이러면 그냥 근거 없는 미사여구가 될 뿐입니다. 좋은 말만 갖다 붙이는 것은 누구나 할 수 있죠. 저도 지금 순전 말로는 '술 엄청 잘 마십니다! 뭘 얼마든 먹어도 뻗는 법이 없습니다!'라고 뱉으면 그만입니다. 하지만 그것을 구체적으로 증명하지 못하면 상황에 따라선 안 쓴 것만 못할 수도 있습니다. 오히려 거짓말쟁이 같아 보이기도 하니까요.

근거를 왜 적지 않으셨나요? 깜빡해서 빼 먹었어요? 그럼 안 꼼꼼한 거잖아요. 거 봐요, 오히려 이렇게 자기소개서가 자기 발목을 잡는다고요. 현장에서도 곧장 논파 당할 자랑을 하는 사람을 누가 믿고 뽑아 써요?"

일전에 한 취업준비생의 자기소개서를 첨삭하는 동안 제가 실제로 했던 말입니다. 물론 인사담당자 또한 잘 알고 있을 것입니다. 오로지 '자기소개서 글귀'만으로 역량이나 주장을 명쾌하게 입증하는 것이 결코 쉽지는 않다는 사실을 말이죠. 눈에 보이도록 실증할 수도 없는 내용을 오로지 서술만으로, 그것도 제한된 분량 내에서 밝히라는 것은 폭거에 가깝긴 합니다. 조비가 삼국지연의에서 조식에게 요구한 칠보시七步詩도 이보다는 차라리 가혹함이 덜하려니 싶죠. 하지만 그럼에도 불구하고 질책에 가까운 피드백을 넣었던 것은 두 가지 이유 때문이었습니다. 주장을 입증하려는 시도 자체가 아예 없었다는 점과, 자기소개서에서 내세우는 바가 면접 질의응답에서 바로 무너질 수 있을 정도로 허술했다는 점이었습니다.

근거가 될 만한 내용을 간략하게 짚고 넘어가거나 압축적으로 서술하는 것은 필수적인 테크닉입니다. 자기소개서에 분량

제한을 걸지 않는 기업은 몇 없습니다. 그런 와중에 주장 하나를 받치겠다고 필요 이상으로 상세한 작문을 하는 것은 신상에 오히려 좋지 못할 일입니다. 그러나 누락은 차원이 다른 문제입니다. 주장만 내걸고 믿을 만한 이유를 제시하지 않는 것 또한 감당 안 될 말을 무작정 던지고선 얼버무린다는 인상을 주기 쉽습니다.

'압축해 쓰거나 간략하게 언급한다는 것이 말이 쉽지, 구체적으로 얼마나 보여 주라는 것인가요?' 이러한 의문이 자연스레 들 수 있는데요. 정답은 없겠습니다만, 인사담당자가 서류를 검토하는 단계에서 대략적으로는 이해할 수 있고, 면접장에선 "자기소개서에 이렇게 적어 주셨는데요, 보다 자세히 설명해 주실 수 있겠습니까?" 정도로 대화를 이어갈 수 있는 수준이면 괜찮지 않을까 싶습니다.

이렇게만 설명하면 꽤 모호하게 느껴질 테니 실제 사례를 하나 들어 보겠습니다. 이어지는 자기소개서 역시 제가 과거 상담을 했던 취업준비생의 작품 중 일부이며, 제작자 허가를 받아 여러분께도 공유 드리는 바입니다.

장점은 끈기와 체력입니다. 무박5일 지옥주 포함, 11주간의 해병 특수수색교육을 수료했습니다. 또한 학업과 주 40시간 근무, 바디

프로필 준비를 한 학기 동안 병행한 바 있습니다.

기업이 이 취업준비생에게 허락한 '장점과 단점 기술' 분량은 총 200자에 불과했습니다. 원고지 한 장이면 웬만한 작문에선 서론을 쓰기에도 턱없이 모자랍니다. 그렇다고 장점만 다짜고 짜 나열하면 근본 없는 허풍으로 느껴지기 십상입니다.

그래서 이 취업준비생은 장점을 간략하게 압축했습니다. 그리고선 주장을 뒷받침하는 근거들을 짤막한 문장으로 정리해 이어 붙였습니다. 그것만으로도 왜 '끈기와 체력'이 있다고 자부하는지를 대강 이해할 수 있습니다. '지옥주'를 온전히 잘 견뎠는지, 병행했다는 학업과 주40시간 근무와 바디프로필 준비가 모두 성공적이었는지는 질문을 추가로 던져야 제대로 파악할 수 있겠습니다만, 아무튼 무작정 밑도 끝도 없이 내세운 장점은 아닐 듯하다는 느낌이 듭니다.

200자라는 잔혹한 분량 제한을 감안하면 이 정도는 상당히 깔끔하게 잘 뽑은 자기소개라 할 수 있겠습니다. 적어도 아무 설명 없이 '나는 이것도 잘하고 저것도 뛰어나고 요것도 훌륭하다'는 치장만 시종일관 뿌린 글보다는 훨씬 신뢰가 갑니다. 누가 자기소개를 그런 식으로 쓰겠냐 생각하실 수도 있지만요. 실무에서 지원서를 받다 보면 여유를 1000자 넘게 주는 때에도 근거 없는 주장 나열로 지면을 낭비하는 취업준비생이야 늘 허다합니다.

뒷받침하는 근거가 없는 주장 모두는 공갈이며 허풍입니다. 적어도 자기소개서에서는 그렇습니다. 일면식도 없는 타 기업 재직자가 대관절 여러분의 무엇을 믿고 읊조리는 말 전부를 곧이곧대로 수용해 주겠습니까.

'주장만 죽 늘어 놓더라도 면접관이 궁금하면 알아서 물어 보지 않을까요?' 안타깝게도 면접관 대부분은 그렇게나 친절한 사람이 아닙니다. 애초에 그런 자기소개서는 서류 단계에서 걸러 버리는 것이 보통이기도 하고요. 주장과 근거를 적절히 배합할 줄 아는 사람이 지원자 중 아무도 없었다면 혹여나 모를까, 하고 많은 후보자 중 부족함과 무성의가 뚜렷이 보이는 인원을 일부러 면접장까지 불러내 말을 섞을 이유가 달리 무엇이겠습니까.

분량의 한계 때문에 서술을 넉넉히 하지 못한 고충은 이해해 줄지언정, 해야 할 설명 자체를 빼먹은 실수마저 구제를 받기는 어렵다는 것입니다. 자기소개서가 밀키트 내지 반조리 상태로 배달된 것은 참작 범위에 들지만, 내용물 일부를 빼다 먹은 수준에 이른 지경까진 용납하지 않는 셈이죠.

이율을 4%로 잡았을 때, 10억 원을 예치해 두면 수령하는 이자가 세후 기준으로 한 해에 3400만 원이 조금 못 됩니다. 회사가 여러분을 뽑는다는 것은 결국엔 다른 곳에 투자할 수 있는 돈 10억 원을 묶어 두는 결정과 유사한 셈입니다. 복리 계산은 차치하더라도 복지 비용까지 감안하면 액수는 한층 더 늘어날 테고요. 이를 감안하면 왜 기업이 채용에 신중할 수밖에 없는지, 그리고 여러분은 그들을 설득하기 위해 자기소개서를 작성하는 때에 주장과 근거가 맞물리는 논리 구조를 더욱 치열하게 고민해야 하는지, 그 이유를 충분히 납득하실 수 있을 것입니다.

7

'난사' 보다는
'저격'

기업 산학협력 프로젝트, 캐릭터 디자인 공모전, 요식업계 인턴 경험, 스타트업 서포터즈 활동, 민간단체 SNS 운영, 지방자치단체 산하기관 홍보단 활동, 대학 연합동아리 참여 경험, 아이디어 공모전 '도전' 경험, 기업 디자인 공모전 '출품' 경험, 기관 포스터 공모전 참가상 수상, 기업 공모전 제안서 '제출' 경험, 아르바이트 경험.

예전에 취업을 준비하는 대학생들을 상대로 첨삭지도를 할 때 접했던, 학생 '단 한 명'이 제출한 포트폴리오 내용입니다. 상기한 경력들은 20장가량 되는 PPT 형식 포트폴리오에 옴니버스 형식으로 하나당 한 장씩을 할애해 정리돼 있었습니다.

문제는 구성상 이런 형식을 취하다 보니, 경력들 각각은 들인 공이나 얻은 성취에 경중 차이가 확연히 존재했는데도, 결국엔 전부가 고만고만한 분량으로 명시된 것입니다. 핵심 이력부터 전면 배치하는 등의 테크닉 발휘도 부재했기 때문에 읽는 입장에선 어떤 경력이 주요한 것인지를 짐작하기 어려웠습니다.

게다가 평가자 입장에선 딱히 관심 갈 리 없는 단순 '출품', '도전', '제출' 등의 경험까지 상당량 섞여들어 있었기 때문에 '쓸 만한 정보'를 건지기는 더욱이나 난감했습니다. 물론 꼼꼼히 읽다 보면 유독 눈에 띄는 부분도 있기야 했겠지만, 그렇지 않아도 바쁠 인사담당자가 수많은 지원자 개개인에게 그런 정성을 쏟아 주리라는 기대는 애초부터 하지 않는 편이 차라리 합리적일 겁니다.

불안한 마음은 이해합니다. 본인의 숱한 경력 중 어떤 것이 기업의 심장을 직격할 수 있을지는 지원자 입장에선 쉽사리 짐작이 되지 않습니다. 말 없는 절대자가 은총을 내리길 기대한다면 손에 쥔 물산은 어떤 것이든 전부 공물로 진상하는 것이 생존을 바라는 본능으로서도 자연스럽지요. 사회 경험이 없는 신입 취업준비생이라면 한층 더 그러할 것입니다.

그러나 이처럼 천운을 바라며 동원 가능한 모든 것을 나열하는 전략엔, 옥석을 가리기 힘들어지는 물량 부담과 가닥을 잡을 수 없는 난잡함에서 오는 스트레스가 평가자의 심기를 오히려 보다 거칠게 긁을 위험이 내포돼 있음을 유념해야 합니다. 달리 말하자면, '당신이 뭘 좋아할지 몰라 뷔페를 깔아 놨으니 알아서 찾아 골라 자시라'는 식의 접근이 취업에 있어선 꼭 능사는 아니라는 것이죠.

보다 상냥해야 합니다. 읽는 이가 요점을 한눈에 파악할 수 있도록 돕는 배려가 필요합니다. 경험의 무게를 가늠하며 노른자위를 제외한 나머지는 과감히 덮어야 합니다. 설령 쌓아온 모든 기억 하나하나가 소중하고 가치 있는 자산으로 느껴질지라도 칼끝은 비정하게 들이대야 합니다. 기준은 당연히 잠정적인 평가자 입장에 두고 말이죠.

그리고 성공이건 실패건 일단 고른 이상, 그것을 택한 이유 또한 자기소개서나 포트폴리오엔 선명하게 내비쳐야 합니다. '해 봤으니 적었다' 정도의 무성의는 용납될 턱이 없습니다. 직전에 설명했던 바와 같이 주장에는 근거가 필요하며, 무엇 때문에 여러분이 허다한 다른 경험들을 제치고 굳이 그것을 택했는지를 설득력 짙게 전해야 합니다.

취사 선택을 거쳐 버려지는 경험들을 아깝다 생각할 필요도

달리 없습니다. 대부분은 쳐내지 않았어도 눈에 띌 겨를은 없는 더미 데이터일 따름입니다. 신입이라면 더욱이나 그렇습니다. 여러분이 학창 시절 쌓아 온 '경험'이나 '성과'란 것들은, 기업 입장에서 냉정히 보자면, 못해도 99% 이상은 이미 재직 중인 주임·대리급 사원이라면 매일 수행하는 일상 업무에 불과하기 때문입니다. 실제로 대학생들이 수일에 걸쳐 머리를 맞대고 정제한 공모전 출품작에 준하는 아이디어가, 웬만한 대기업에선 팀장이 당일 오후에 화급히 소집한 회의 자리에서만도 몇 개씩은 가뿐히 튀어나오는 광경을 흔히 볼 수 있죠.

저 역시 비슷한 경험이 있었습니다. 인턴 기자로 근무했던 시절 저와 동기들은 약 1개월간 사회부 경찰취재팀에 투입됐는데, 당시 저희로선 그 기간 내에 독자적인 기사를 하나라도 배출하면 정규직 전환에 상당히 가까워질 수 있었습니다. 끝내 그마저도 못 해내는 인원이 절반을 넘었거든요. 저 역시 신문 지면에선 기껏해야 그날의 서브 콘텐츠 정도 위상인, 원고지 5매(1000자)짜리 기사를 간신히 만들어낸 것만으로도 점수가 훌쩍 뛰었을 정도니까요.

하지만 입사 후 보니, 인턴 시절 한 달 가까이를 갈아 넣어 힘겹게 만들었던 이슈성 기사는, 현직 기자라면 이틀 걸러 하나씩은 뽑아내는 평범한 일과에 불과했습니다. 지망생 시절엔 소중하다 여겼던 작업 결과가 프로페셔널 사이에선 아무것도 아닐 수 있음을 그러한 계기로 여실히 깨달았습니다.

훗날 자회사에 파견돼 경력직 기자 채용 서류 검토 작업을 맡았을 때엔, 이력에 '어느 기간 동안 기사를 무려 몇 개나 작성했습니다'라고 쓴 후보자는 간단한 나눗셈만 두드려 보고 곁으로 치워내 버렸습니다. 계산을 해 보면 이력서나 자기소개서를 그렇게 작성해낸 지원자 중 생산량이 보통 기자보다 특출나게 많았던 인물은 단 하나도 없었습니다. 물론 AI가 휘갈긴 듯한 기사가 범람하는 시대인지라 양 따위는 어차피 평가에 있어 크게 의미 있는 지표도 아니긴 했습니다만, 채용을 진심으로 바랐다면 언론인으로서의 역량을 명백히 증빙할 수 있는 기사를 한두 편만 골라내 보이는 전략이 차라리 유리했을 것입니다.

실제론 좋은 기사를 여럿 쓴 인물인데도 양을 지나치게 강조하다 질을 놓치는 바람에 걸러진 애석한 경우가 있을지도 모른다 생각할 수도 있겠습니다. 하지만 아마 딱히 그렇지도 않았을 것입니다. 업계에서 기자에게 바라는 역량이 무엇이며, 어떻게 해야 자신의 비범함을 효과적으로 어필할 수 있는지를 전혀 모른다는 것은 어차피 염두에 둘 만한 급의 인재가 아니라는 방증

이기도 하니까요. 정보를 효과적으로 전달하는 것이 기자의 일이고 글의 역할일 진대, 취업을 위해 자신을 광고하는 작문에서조차 그걸 제대로 해내지 못하는 자가 우수한 저널리스트일 확률이 그 얼마나 되겠습니까.

정리하자면, 높은 확률로 신입 구직자 여러분의 '업적'이랄 것은, 임원은커녕 대리·주임 선에서 들여다 보더라도 별 것 아닐 가능성이 높습니다. 그토록 보잘것없는 업적을 암만 나열해 본들 '기사 제작량'만 강조하는 이력서를 보는 때의 저처럼 감흥은 고사하고 불쾌감만 선사할 위험이 큽니다. 한두 개만 남기고 쳐낸들 생각보다 손해랄 것도 없습니다. 회사 대부분은 자기소개서 작성 공간을 넉넉히 주지도 않습니다. 과감히 버리세요. 아까워할 것도 불안해 할 것도 없습니다.

다만 그렇게 살아남은 사례 한둘은 정말 아름다워야 합니다. 사원급에서 매일 수행하는 범상한 일과 업무 수준 이하로는 '사수'급 직장인에게 감동을 줄 수 없습니다.

선택한 업적에 집중하며 그것이 최대한 아름답고 선명하게 빛날 수 있도록 윤색해 주세요. '난사'보다는 '저격'입니다. 적어도 '자기소개서 작성'이란 과업에 있어서는 그렇습니다.

'필력' 만으로는
부족하다

이렇네 저렇네 하는 시시한 말을 나름의 조언이랍시고 팬스레 허다하게 늘어놓긴 했습니다만, 사실 취업을 준비하기 위한 글을 쓸 때 가장 중요한 포인트는 단 하나뿐입니다. 그것은 바로, 꼴이야 어찌 됐건 결국 '평가자 보기에 좋은 글'이면 그만이라는 것이죠.

제가 여태 소개해드린 작문 요령을 깡그리 무시하고 아주 마음 가는 대로 휘갈기더라도, 서류를 검토하는 인물의 취향을 직격하면 문제될 것은 무엇 하나 없습니다. 그것을 해내 버린 글이라면 설령 소동파나 조지 고든 바이런이 살아 돌아와 맞대결을 벌여도 그들이 이기리라는 장담을 하기 어렵습니다.

하지만 문제는 99.9% 이상 가는 확률로, 우리로서는 '평가자의 취향'을 파악할 도리가 없다는 것입니다. 특히나 기업 바깥에서 취업을 준비하는 입장에선 개별 평가자의 세세한 선호나 성향은커녕 전반적인 조직 분위기조차 읽어 내기가 쉽지 않습니다. 그러한 와중에 상대가 원하는 지점을 정확히 짚어내 매료하라는 것은 한낱 꿈같은 이야기일 뿐이죠.

이 책에서 대체로 일반론을 이야기한 것은 그러한 이유 때문입니다. 저는 여러분이 몸담은 조직이나 지망하는 회사를, 어쩌면 여러분보다도 훨씬 모르는 상황입니다. 자연히 여러분을 평가하는 이의 취향이나 선호에 대해서도 감히 장담할 처지가 못됩니다. 그렇기에 차선책으로 '어느 곳에서건 대개는 괜찮은 작문이라 평가받을 수 있는' 보편적인 방법론을 전한 것입니다.

다른 업종에 비유하자면, 이 책은 요리 분야의 '레시피 북'과 비슷하다 말할 수 있겠습니다. 모든 사람이 레시피 북에 적힌 요리 방법을 최고로 치는 것은 아닙니다. 서로 간에 입맛이 다르고 취향이 제각각일진대 레시피 북에 적힌 테크닉 하나만으로는 모든 이를 만족시킬 수 없음이 자명합니다.

그러나 그렇다 해서 레시피 북의 효용과 존재 가치를 온전히 부정할 수도 없는 일입니다. 레시피 북 하나로 단숨에 모두의 취향을 충족하거나 지고의 경지를 도모하긴 무리일지라도, 그럼에도 활용하는 이가 요리의 가닥을 잡으며 잘 모르거나 부족했던 부분을 채워 나가는 과정에 있어선 상당한 도움이 되기 때문입니다. 독자가 입문자 내지 초보 수준에 그쳐 있던 상황이라면 더욱이나 그러하고요.

즉, 이 책 하나만으로 인재 육성을 아주 완성 단계까지 도모할 수는 없을지언정, 그들이 글 좀 쓴다는 어른으로 성장해 나가는 여로에서 방향성과 틀을 살짝 잡아 주는 기능은 소소하게나마 기대할 수 있다는 것입니다. 솔직히 말씀드리건대 여기서 전하는 작문 테크닉이 특정 회사를 단숨에 뚫어 버리는 전략 병기로서 기능해 주리라 생각진 않습니다. 설령 어느 기업을 상대로 그런 효능을 발휘해 버릴지라도 그것이 제가 미리 계산에 넣어 두었던 집필 의도까진 아닙니다. 누군가에게는 레시피 북에 적힌 요리법이 지상 최고의 미식이기도 하니까요.

아무튼 무엇을 어떻게 적어 내려야 좋을지 감조차 잡지 못해 괴로운 직장인에겐, 밤새워 고민을 거듭해도 지저분하고 갈피를 잡을 수 없는 문장만 쏟아져 좌절하는 취업준비생에겐 그런대로 참고가 되리라 자부하는 마음은 있습니다. 기초 글쓰기 테크닉 파트를 거쳐 실전 작문 관련한 대목 중 여러분께 필요한 부분을 발췌독하는 정도로만 이용해 주셔도, 대단한 시간 낭비

끝맺는 말

없이 훌쩍 뛰는 문장력을 체감하실 수 있을 것입니다.

다만 여러분이 혹여나 이 책을 통해 필력 면에서 일취월장하는 성과를 거둔다 하더라도, 작문의 세계에선 결코 그것만이 전부는 아니라는 점을 마지막으로 강조하고 싶습니다. 화려한 장식만으로 제 몫을 다하는 작품은 극히 드물며, 알맹이 없는 치장은 필연적으로 공허할 수밖에 없습니다. 글을 짓는 재주를 갈고닦는 과정과 더불어 작문 구성과 내용의 뼈대를 이룰 '업무 지식' 또한 소홀히 하지 않아야 비로소 현업에서 높은 평가를 받는 문장을 자아낼 수 있다는 것입니다.

분야를 막론하고 순수한 테크닉 만으론 다다를 수 있는 경지에 한계가 존재하는 것이 보통입니다. 작문 쪽에서도 사정은 크게 다르지 않습니다. 물론 오스카 와일드의 희곡 '살로메'처럼 내용의 깊이와는 별개로 극한으로 밀어붙인 문체의 유려함 덕에 작품성을 인정받는 유미주의 문학도 인류사에 아주 드물게는 존재합니다만. 최소한 그러한 시도를 '직장인 글쓰기'에서 한다는 것만큼은 얼핏 생각하더라도 어불성설일 수밖에 없죠. 그렇기에 직장 내외에서 필력 탁월한 사회인으로 두루 인정을 받고자 하신다면, 작문 테크닉에만 전적으로 기대는 대신, 내용을 알차게 채워 나갈 수 있는 업무 역량도 충실히 갖춰 나가는 노력을 경주할 필요가 있겠습니다.

말미에 잠시 개인적인 이야기를 하자면, 그렇습니다. 살아온 생의 가벼움에 비하자면 놀랍게도, 세상에 선보인 책이 벌써 두 번째에 이르렀습니다. 하잘것없는 첫 책 원고를 받아 들고도 불쾌한 기색 없이 출판을 마무리해 주신 것은 물론, 곧장 두 번째 책을 제의해 주신 플랜비디자인의 배포와 아량에 깊은 감사를 드립니다.

육아로 바쁜 일상을 보내는 중에도 최선을 다해 집필에 몰두할 시간을 마련해 준 것은 물론, 물심양면으로도 지원을 아끼지 않은 나의 아내, 고맙고 사랑합니다. 첫 책을 쓰던 때 즈음 태어나 벌써 돌을 넘겨 무탈하게 자라 주는 우리 아이, 시윤이에게도 늘 감사하는 마음뿐입니다. 재능도 가능성도 무엇 하나 뚜렷이 보이지 않던 시절부터 한결같이 믿고 응원하며 삶의 기둥이 되어 준 부모님과 장인·장모님께도 더불어 고마움을 전하고 싶습니다.

글에 '리듬'을
부여한다는 것

직장인 글쓰기에선 비교적 중요도가 떨어지는 항목일 수밖에 없습니다만, 어떤 글이건 완성도를 높이려 한다면 아무래도 문장의 '운율' 내지 '리듬'을 고려하지 않을 수 없습니다. 담긴 내용은 그대로일지라도 구성하는 방법과 테크닉을 달리하면 그것에서 느껴지는 글맛에 상당한 깊이와 변화를 줄 수 있으니까요. 이를테면, 다음 문장을 보시죠.

말을 하지는 않았지만, 너는 늘 기적처럼 아름다웠다.

캘리그라피에 관심이 있는 분이라면 한 번쯤은 접하셨을 글입니다. 나스 키노코가 집필한 라이트 노벨 『공의 경계空の境界』

에 나오는 문장인데요. 작문 테크닉을 논하기엔 출처가 좀 가볍다는 생각이 들 수도 있겠습니다만. 다나카 요시키의 SF 소설 '은하영웅전설'의 등장인물인 '오스카 폰 로이엔탈의 대사, "여자는 남자를 배신하기 위해 태어난 동물이다"가 철학자의 명언으로 둔갑해 공중파에 등장하는 혼돈의 시대이거늘, 원전이 어디냐가 그렇게까지나 중요한 문제겠습니까.

아무튼 이 문장의 일본어 원문은 '口になんかしてやらないけど私にしてみれば おまえのほうがずっと奇跡みたいにキレイだった'입니다. 직역하자면 '말하진 않았어도, 내게 있어선, 너는 쭉 기적처럼 아름다웠다' 정도가 될 테고요. 개개인의 취향과도 결부되는 사안이라 단언까진 하기 어려우나, 대다수는 이것보다 앞선 번역 쪽에서 훨씬 깔끔하고도 시적인 문체라는 인상을 받을 것입니다.

다만 어떤 사람들은 이런 생각을 하셨을 수도 있습니다. "짧은 문장에서 '지'가 밀접하게 반복되는 대목이 거슬리는데?" 그렇습니다. '하지는 않았지만' 부분에서, '지'가 연달아 읽히는 점이 누군가에겐 혀끝에 걸릴 수도 있다는 것이죠. 그런 분들이라면 아마도 문장을 다음과 같이 고칠 것이며, 실제로 이러한 구성으로 쓴 캘리그라피도 눈에 상당수가 띄곤 합니다.

말을 하진 않았지만, 너는 늘 기적처럼 아름다웠다.

여기에서도 '말을 하진'을 '말하진'으로 줄일 여지가 보입니다. 언론인의 글쓰기라면 짧은 문장을 강조하는 만큼 더 볼 것도 없이 이렇게 압축을 진행해 버렸겠지만요.

말하진 않았지만, 너는 늘 기적처럼 아름다웠다.

이 역시 취향에 따라 갈리긴 하겠습니다만, 개인적으로는 불호가 조금 더 강한 편입니다. 이렇게 쳐내면 쉼표 앞 전반부의 호흡이 지나치게 급박해지는 감이 있기 때문입니다. 문장의 내용이 주는 느낌을 극도로 살리자면 천천히 읊조리는 템포로 가는 편이 어울릴 텐데, 띄어쓰기를 하나 제거해 버리면 그러한 잔잔함이 살짝 흐트러진다는 것이죠.

되다 만 글쟁이인 제 말만 늘어놓은들 설득력이 별로 없을 테니, 우리 문학사의 큰 어른께서 쓰고 다듬으신 문장도 하나 인용해 보겠습니다.

"바다는, 크레파스보다 진한, 푸르고 육중한 비늘을 무겁게 뒤채면서, 숨을 쉰다."

그렇습니다. 최인훈 선생의 숱한 작품 중에서도 필생의 역작으로 꼽히는, 교과서에서도 자주 접할 수 있는 바로 그 소설 〈광장〉의 첫 문장입니다.

이 문장은 개정을 수차례 거친 끝에야 현재 모습으로 정착한 것으로도 유명한데요. 초판 시절엔 "바다는 크레파스보다 진한 푸르고 육중한 비늘을 무겁게 뒤채이면서 숨쉬고 있었다."였습니다. 내용 자체는 동일한데도 약간의 분절과 시제 변경만으로도 느낌이 상당히 달라지죠. 글의 박자를 달리하며 리듬감을 부여하는 행위엔 그런 의의가 있는 것입니다.

그렇기에 언론의 일반적인 견해와는 달리, 작문 테크닉을 설명하며, 글을 짧게 쳐 문장을 토막 내는 스킬을 무작정 추종하지만은 않았던 것입니다. 만일 압축과 분쇄에 능할수록 명문장가가 된다면 기자 중 태반은 필력으로 이름을 날려야 합니다. 하지만 여러분께서도 잘 아시듯 실제 현실에선 그러한 기미가 달리 없습니다. 리듬에 따른 글맛, 그리고 거기에 수반되는 전달력 증폭의 존재가 바로 그 이유입니다. 다시 한번 강조 드리건대, 기자의 글쓰기 방법론을 교조적으로 따르기보다는, 문장을 맛깔나게 살릴 방법을 요모조모 고민하며 작문을 다양한 방향으로 전개하는 연습을 거듭하면 보다 좋은 글을 풍부하게 써내실 수 있을 것입니다.

여담으로, 그러한 연습이 극에 달하면 김훈 작가님께서『칼의 노래』첫 구절을 집필할 때처럼 조사 하나 선택으로 운율은 물론 문장 전체 의미까지 좌우하는 경험을 하시게 될지도 모릅니다. 문제의 그 문장 토막은 바로 '버려진 섬마다 꽃이 피었다'인데요. 작가님에 따르면 '꽃이 피었다'와 '꽃은 피었다' 사이엔 의미 차이가 천지간으로 벌어진다고 합니다.

해설을 직접 인용하자면 다음과 같습니다.

"'꽃이 피었다'는 꽃이 핀 물리적 사실을 객관적으로 진술한 언어입니다. '꽃은 피었다'는 꽃이 피었다는 객관적 사실에 그것을 들여다보는 자의 주관적 정서를 섞어 넣은 것이죠. '꽃이 피었다'는 사실의 세계를 진술한 언어이고 '꽃은 피었다'는 의견과 정서의 세계를 진술한 언어입니다."

물론 문예 창작을 업으로 삼더라도 이 정도나 되는 경지를 넘볼 일이 아주 흔치는 않겠습니다만, 작문이란 것이 깊이 파고들다 보면 이렇게나 미묘한 구석까지 고민해야 하는 작업이라는 사실은 알아 둬서 나쁠 이유도 없겠죠.

문예 스승이 되어 드리지 못하는 슬픔

진솔하게 털어 놓건대, 저는 글에 리듬을 부여하는 수준 이상으로 문장에 감명과 생동력을 부여할 수 있는 재목이 못 됩니다. 타고난 재능과 기질이 아무래도 문학 보다는 비문학 쪽에 기울어 있다는 것이죠. '직장인 실용 글쓰기'를 넘어 문예를 추구하는 분이라면 별도로 다른 책이나 강의를 통해 배움을 얻으시길 조심스레 권하는 바입니다. 마음 같아서야 저 역시 푸른 꿈을 품은 분들께 문학을 전수하는 스승으로 행세하고 싶으나, 제 그릇이 욕심엔 한참이나 미치지 못하는 것을 부디 용서해 주시길 부탁 드립니다.

저 혼자만의 주관적인 평도 아닙니다. 이를테면 제11회 대산 청소년문학상 시상식이 개최됐던 오래 전 2003년 여름, 소설 부문 심사 위원 중 한 분이었던 공선옥 선생님께선 제게 조용히 다가와 이런 말씀을 건네셨습니다.

"애, 네가 그 백일장에서 애완동물 주제로 소설 쓰라 했더니 늑대로 작문한 애 맞지? 잘 썼어, 그래서 상은 주는데, 그 솔직히는, 그래도 소설로 평생 먹고 살 정도 실력까진 아닌 것 같더라."

직전까지만 해도 손에 쥔 은상을 보며 소설가의 꿈에 한 걸음 더 다가섰다 여겼을 제 입장에선 어떻게 생각하면, 아니 그냥 무작정 어느 모로 생각하더라도 청천벽력같은 말일 수 있었겠습니다만, 나이를 한참 먹은 지금 돌이켜 생각해도 조금은 의아할 정도로 당시의 저는 선생님의 말씀을 재빨리, 그리고 또 진심으로 수긍했습니다. '아 그렇군요. 그렇다면 문학 아닌 다른 하고픈 것을 얼른 찾아보는 것이 좋겠네요.' 대략 이러한 반응을 덤덤히 보이면서요.

아마도 그때의 저는 젊은 혈기나 객기로도 덮을 수 없을 정도로 스스로의 솜씨에 확신이 없었던 게 아닐까 싶습니다. 실제로 내심 한구석에선 이것은 초심자의 행운이 아닌가, 하늘이 버린 사람은 멋모르고 도박에 손댄 날 뜻밖의 거금을 따낸다던데, 오늘의 수상은 나를 그렇게 파멸로 이끌려는 삿된 유혹이 아닌가, 대략 그러한 고민을 놓지 못했던 것으로 기억합니다. 치기가 만연해도 허물은 아니었을 그 어린 고1 나이였으나 왜인지 주위 섬기는 염려만큼은 별스럽게도 현실적인 면이 짙었던 모양입니다. 왜인지는 모르겠지만요.

장교들은 중령쯤 되면, '아, 내가 어디까지 진급할 수 있겠구나' 하는 짐작이 대강 된다고들 하지 않습니까. 어느 직종에나 그런 직감은 존재하기 마련이며, 저는 그것을 남들보다는 조금 빨리 매듭을 지어 버린 셈이고요. 이후 저는 문과로 진학했음에도 인문대나 문예창작과를 일절 등지고선, 사회과학대를 지망해 전공도 그 분야에서 택했습니다. 고1 이후로 집필한 문예라곤 포상휴가가 너무 절실해 꾸역꾸역 써 내렸던 병영문학상 수상작 하나가 전부였습니다. 재능이 모자라다는 평을 조기에 받은 것은 물론, 문학에서 손을 뗀 세월도 근 20년을 헤아리는, 사실상 문외한이라는 것이죠. 어차피 그때 나이 곱절은 되는 세월을 추가로 살며 고찰한 바, 저는 공선옥 선생님께서 일찍이 통찰하셨듯 문학계에서 두각을 보이기는커녕 간신히 숨이나 붙이고 살 정도 재능조차 모자란 위인이 맞는 듯합니다. 그러니 희망을 서둘러 놓아 버린 결정에 회한이나 아쉬움도 딱히 없긴 합니다.

아무튼 그렇기에 단아하고 바른 글을 쓰는 요령까진 어느 정도 짚어 드릴 수 있겠으나, 구절 사이로 창의가 반짝이고 문장 곳곳에선 심금을 흔드는 예술을 저는 아무래도 전수할 수 없습니다.

일본 만화 '호에로 펜'에 이런 대사가 있습니다.

"어시스턴트(만화가의 보조 작업자)에게는 항상 그림을 올바르게 그리라는 지시를 하고 있다. 그러나! 혼이 실린 그림이라는 것은 사실 뭔가가 삐뚤어져 있는 것!"

그 말 그대로입니다. 예술이라는 것이 대체로 그렇습니다. 정석만으로는 독자의 영혼에 닿는 울림을 추구하기가 사실상 불가능에 가깝습니다.

앞서 조지 오웰의 르포르타주 『카탈로니아 찬가』나 존 리드의 르포 『세계를 뒤흔든 열흘』을 정론적이면서도 예술성을 겸비한 명작으로 언급은 했습니다만, 그 작품들마저도 세세히 뜯어 보면 교과서적인 작문 공식을 글 전체에 걸쳐 100% 따랐다 말하긴 어렵습니다. 어느 지점에선 '원칙'이란 것에서 어긋나는 부분이 있으며, 예술성은 그러한 대목에서 오히려 배가되는 모습을 보입니다.

이를테면 『카탈로니아 찬가』에서 말이죠. "현실적이고 냉소적인 영어 문명권 사람들은 이 이상주의적인 스페인 사람들이 진부해진 혁명적 표현들을 문자 그대로 받아들이는 모습을 보고 왠지 애처롭다는 느낌을 지울 수 없었다"고 서술한 대목이 나옵니다. 다소 장황하고 단숨에 이해하기 어렵죠. 오웰은 카탈로니아 전기 문장 대부분을 기사 보도 느낌에 가깝도록 팩트 위주로 짧고도 드라이하게 다듬어 두었는데요. 유독 이 구절은 다른 부분에 비해 정리된 기색이 덜합니다. 책의 전반적인 문체를 따르자면 "스페인 사람들은 이상주의적이다. 하지만 그들은 진부해진 혁명적 표현들을 문자 그대로 받아들이고 있었다. 현실적이고 냉소적인 영어 문명권 사람들은 이 광경을 보며 왠지 애처롭다는 느낌을 지울 수 없었다" 정도로 재구성할 수 있겠죠.

그러나 이러한 '삐뚤어짐'에선 뭐라 형언하기 어려운 문학성의 풍취가 느껴집니다. 번역본보다는 원문 쪽에서 그러한 느낌이 한층 더 선명합니다.

"To anyone from the hard-boiled, sneering civilization of the English-speaking races there was something rather pathetic in the literalness with which these idealistic Spaniards took the hackneyed phrases of revolution."

어쩌면 저만이 받은 감정일 수 있겠으나, 끊어 놓은 문장에 비하자면 오웰이 적은 원문은, '이상적인' 사람이 지극히 진부한 것을 수용하는 모습을 보며 '현실적이고 냉소적'인 사람이 느끼는 씁쓸함이 더 묵직하게 전해지는 듯합니다.

저는 그러한 변주와 기교에 도통 능하질 못합니다. 문장의 격을 높이는 의도된 삐뚤어짐을 제대로 구사할 역량이 없습니다. 설령 뭔가 아는 바가 있더라도 여러분을 올바르게 인도할 그릇까진 아닙니다. 앞서 언급한 '호에로 펜'에는 또한 이런 대사가 나옵니다.

"게다가 이미 잘 그리는 어시스턴트에겐 일부러 삐뚤게 그리라고는 말 못한다! 한번 삐뚤게 그리기 시작하면 원상복구도 힘들어!"

그 말 그대로입니다. 제 어설픈 지도력에 암만 기대 본들 이러한 꼴을 벗어날 도리가 없습니다. 그러므로 문예를 진지하게 배우고 싶은 분들께는 다른 루트를 통한 학습을 권해 드리는 바입니다. 제가 모자란 탓에 여러분의 바람을 넉넉히 이뤄 드리지 못하는 바 다시 한 번 용서를 부탁 드립니다.

사회 초년생이
조심해야 하는 것들

생애 처음으로 인턴 사원증을 목에 걸었던 지난 2012년 여름, 매주 치르는 작문 평가는 제겐 낯선 업무 이상 가는 스트레스였습니다. 사옥 지하에 모인 인턴들은 과거시험 치르듯 달랑 받은 논제 한 마디를 2000자 분량으로 풀어냈고, 현역 논설위원들이 그것을 취합해 매긴 점수는 정규직 전환에 상당히 큰 비중으로 반영됐습니다. 전환율은 인턴 총원 대비 25% 정도에 불과했고요. 그러다 보니 현장에서 구르며 기사 아이템을 발굴하는 스트레스 이상으로 인턴들의 신경을 아프도록 갉아 먹던 과업이었죠.

신입사원 선발을 전제로 한 줄세우기식 평가였던 만큼 인턴들 마음속엔 어떻게든 논설위원 눈에 띌 만한 튀는 글을 써내야 한다는 강박이 있었습니다. 적어도 저는 그랬습니다. 작문 주제는 그 시절 제일가는 화두 중 하나였던 '학교폭력'과 '체벌'이었고, 제가 썼던 글 중 가장 통렬하게 얻어 맞았던 문구는 대략 다음과 같은 내용이었습니다.

"(사회적으로 체벌을 자제하는 분위기가 조성된 이후)옛 시절 맥락 없이 돌발적으로 가해지던 체벌에 학을 뗐던 학생들은 회초리로 쓰던 대나무 마디만 봐도 경기를 일으킬 지경이었다."

대학생의 어설픈 농간에 30년 넘게 문장과 부대낀 베테랑들이 휘말릴 가망은 전연 없었고, 저는 평가 첫 회차부터 붉은 교정문으로 도배가 된 원고지를 넘겨 받았습니다. 논설위원은 이렇게 지적했습니다.

"아무리 매질을 심하게 당했던 경험이 있다 치더라도, 고등학생이 대나무 마디만 보고서 경기를 일으키는 것은 현실적으로 말이 되는 상황인가?"

다시 한번 강조하지만, 당시 제가 다니던 회사는 신문사였습니다. 논란과 이견은 있을지언정, 아무튼 언론이 표면상만이라도 추구하는 지고의 가치는 '팩트와 정론'입니다. 여물지 못한 풋사과가 초장부터 그것을 정면으로 짓밟으며 과장된 필법을 구사하는 꼴을 업계 원로는 참고 볼 도리가 없었던 것이죠.

'아니 무슨 신문사 논설위원들이 진실과 정론직필을 논하나요? 침소봉대와 견강부회로 점철된 칼럼을 쏟아 내기는 그들이 훨씬 심하지 않나요?' 독자 입장에선 이런 불만이 나올 수도 있겠습니다만, 옆으로 걷는 어미게라 할지언정 자기 새끼에겐 똑바로 가라고 꾸중하는 것이 원칙상으론 옳은 훈육이지 않겠습니까.

중요한 원리는 하나 더 있습니다. "나는 돼도 너는 안 돼."입니다. 일단 제목엔 사내 경험이 부족한 주니어가 '글'에서 조심해야 하는 것들이라 적어 두긴 했습니다만, 사실 이것은 작문뿐 아니라 다른 분야에도 어지간하면 통용될만한 철칙이긴 합니다. 헌법에서야 뭐라 하건, 조직이란 곳에선 높은 분들과 말단 구성원은 권한과 받는 제약이 평등하다 말하긴 어렵습니다. 비록 윗선은 거리낌 없이 행하는 활동일지라도 그것을 하부에서 자행할 경우 제재 대상이 될 수도 있다는 것이죠. 업계의 관행이라거나 암묵의 룰이라는 것은 생각보다 불공정하고도 무서운 논리입니다.

글도 마찬가지입니다. 고위직 분들이 흔히 쓰는 필법이라 해서 무작정 따르는 것은 주니어 입장에선 상당한 리스크를 걸머지는 도박입니다. 게다가 그러한 부조리를 따지고 들 방법도 없습니다. 일개 인턴이 '본사 지면 칼럼에서 이런 식으로 쓰던데요?'라고 항의를 제기했을 때 벌어질 일은, 솔직히 상상조차 하고 싶지 않군요.

새내기 중의 새내기였던 저는 행동 원칙을 관행이 아닌 메뉴얼에 두는 편이 옳았습니다. 인턴 극초반 시기에 진행했던 이론 수업에서, 강단에 선 분들이 설명해 주시던 '글쓰기의 원칙'을 저는 좀 더 귀담아들을 필요가 있었습니다.

취업준비생 여러분께서 어느 조직에 향후 발을 들이건 이 원칙은 큰 맥락에서 다를 바가 없을 것입니다. 뭇 선배들의 언행보다는 문서화된 안내와 지침을 우선해 따라야 합니다. 선생이 내내 '바담 풍'을 읊을지언정 생도는 눈치껏 '바람 풍'을 말해야 합니다. 직장 경험이 일천했던 저로서는 그것들을 그땐 미처 알지 못했던 것이죠.

다만 경험 없던 저라고 해서 매사에 잘못만 저질렀던 것은 아닙니다. 애초에 인턴 시절 행보가 내내 실수로만 점철돼 있었다면 정규직으로 선발될 수도 없었을 테고요. 실제로 다른 회차 작문 평가에선 신입다운 태도를 잘 견지했던 덕에 점수를 꽤나 얻어냈던 성과도 있었는데요. 그날 글감으로 나왔던 것은, 11년 전 일이라 아주 상세히까지 기억하진 않습니다만, 미사일을 중심으로 한 안보 관련 주제였던 듯합니다. 평가가 있던 주간에 군사전문기자 선배가 해당 이슈를 자세히 논하는 기사를 냈고, 그것에 대해 인턴들의 의견을 묻는 형식으로 미션이 주어졌죠.

문제는 인턴 중 태반이 그 기사를 읽지 않고서 시험장에 들어왔다는 것입니다. 앞서 언급했던 바와 같이 정규직 전환을 노리는 모두는 익숙지 않은 취재 환경에서 지면에 실릴 만한 기사거리를 찾고자 분투에 여념이 없었고, 그러다 보니 일간지 기사를 꼼꼼히 챙겨 읽을 여유조차 잃은 인원이 상당했던 것이죠. 그들은 주어진 논제에 대해 아는 바가 전혀 없으니 약간의 페널티를 감수하더라도 다른 글감을 받고 싶다 부탁했고, 감독관은 요청을 수용해 무언가 다른 글감을 제공했던 것으로 기억합니다. 하지만 플랜 B를 택했던 동기 중 훗날 최종 합격에 이른 인물은 한 명도 없었습니다.

저는 그러한 풍파에서 한 발짝 비껴 있었습니다. 적어도 인턴 생활을 하는 동안만은 얽힌 회사에 전념해 볼 마음이었고, 그렇기에 발제 거리가 희박하거나 마감이 촉박한 때에도 발행된 자사 신문만큼은 날을 넘기지 않고 샅샅이 읽어 두고자 노력했습

일터의 작문법

니다. 덕분에 낯설어 하는 이가 여럿이었던 그날의 논제도 시험
장에 들어오기 전부터 충분히 숙지를 해 두고 있었으며, 퀄리티
와는 별개로 글 한 편을 요구받은 분량에 맞춰 온전히 써낼 수
는 있었습니다.

　제목과는 달리 글과 직접 연관이 있는 교훈은 아닙니다만, 아
무튼 이 일화가 여러분께 전하고자 하는 메시지만은 명료합니
다. '정규직 전환 심사형 인턴처럼 특정 조직에 불안정한 지위
로 속해 평가를 받는 때엔 몸 담은 곳에 전력을 다해 몰입하라'
는 것입니다.

　그 회사의 무엇을 동원해 여러분의 역량과 충성심을 가늠할
지를 피평가자 입장에서 미리 짐작하긴 쉬운 일이 아닙니다. 어
떤 면에선 침공 루트와 수단을 특정할 수 없는 적을 대치하는
군인과 크게 다를 바 없는 처지인 셈이죠. 달리 말해, 현역 장병
이 전투준비태세와 국지도발 대응을 상시 염두에 두며 훈련을
거듭하듯, 위태로운 상황에서 취업을 노리는 사회 초년생이라
면 전쟁을 대비하는 군인 이상으로 지피지기 백전불태知彼知己 百
戰不殆의 자세를 견지할 필요가 있겠습니다.

　언급한 두 사례는 직장 생활을 조금이라도 겪은 사람이라면

상식을 넘어 거의 사리분별 수준까지 이를 법한 기본 중의 기본 입니다만, 그것은 어디까지나 사회 쓴맛을 혀끝으로라도 본 경력자에게나 해당할 논리죠. 학생 티를 벗지 못한 초년생 입장에서야 막상 접하는 때 당혹을 금하기 어려운 난감한 상황일 수밖에 없습니다. 저는 그러하였기에 여러분은 그렇지 않길 바라는 마음으로 직접 겪은 바 옛 이야기를 이 자리에서 전합니다. 제 산의 못난 돌이 여러분의 옥을 벼리는 숫돌이 돼 준다면 뭔가를 가르치겠다며 책을 쓰는 사람으로서 더 바랄 것도 없겠습니다.

직장에서
잘못 쓰기 쉬운 말들

'사흘'이나 '금일' 같은 것은 다루지 않겠습니다. 이처럼 최근 화제가 됐던 낱말은 대개 지상파 등에서 집중해 다뤘던 것은 물론, SNS를 통해서도 바른 표현이 널리 퍼진 덕에, 이제와 굳이 제가 나서서 교정을 시도할 필요까진 딱히 없을 듯하기 때문입니다.

여기선 직장 생활, 나아가 사회 활동에서 흔히 쓰게 되지만 은근히 자주 틀리는 말 위주로 골라 보았습니다. 엄밀히 따지면 잘못 활용하고 있거나 미묘하게 핀트가 틀어져 있긴 한데 일반적인 생활 언어에선 철저히 구분할 필요까진 드문 표현은 제외했습니다. 그런 것에 해당하는 예시로는 '참고(參考)'와 '참조(參照)'

를 들 수 있겠습니다. 세세히 따지고 들어가자면 용법이 서로 다른 말이긴 합니다. 평범한 직장인이라면 어지간해선 이 둘의 뜻을 엄정히 헤아려 가며 쓸 일이 그리 많지는 않을 것입니다.

▶ 개량 / 계량

'개량(改良)'은 나쁜 점을 보완해서 좋게 고치는 행위를 일컫는 말입니다. 수를 헤아리거나 부피, 무게 등을 재는 상황엔 어울리지 않습니다. 그러한 때에 부합하는 표현은 '계량(計量)'입니다.

이걸 혼동하는 사람이 있냐고요? 저도 한때는 그렇게 생각했던 시절이 있었습니다. 하지만 국내 메이저 언론사 기자가 '무운을 빈다'를 '무운(無運)'으로 해석하는 작금의 세태에선, 세상 만사가 제 상식 선에서만 돌아가진 않는다는 사실을 인정할 수밖에 없었습니다.

▶ 갱신 / 경신

'更新' 중 '更'에는 '다시 갱'과 '고칠 경' 두 가지 발음이 있는데다, '갱신'과 '경신' 모두 흔히 쓰는 말이기 때문에 혼동해 사용하기 쉽습니다. 다만 이 둘 사이에는 약간이나마 의미 차이가 존재하는데요.

'경신'은 종전 기록을 깨뜨리는 상황에 활용합니다. 달리 말하자면 '신기록'입니다. 반면 '갱신'은 계약 기간 연장이나 정보 통신 분야에서 기존 내용을 변경·추가·삭제하는 때에 주로 사용합니다. 직장에선 '경신'은 실적 발표나 보도자료 작성시에 주로 쓰게 될 것이며, '갱신'은 재계약 시점이나 시스템 업데이트 상황에 언급할 일이 많을 것입니다.

▶ 결제 / 결재

'결제(決濟)'에 '일을 처리해 끝냄'이라는 의미가 있어 직장인들이 자주 혼동하는 편입니다. 하지만 직장에선 '결제'를 거의 돈 관련 거래에만 사용한다 생각하시면 얼추 맞습니다. 상사의 검토를 받아 허가나 승인을 득하는 것은 웬만하면 '결재(決裁)'로만 표현합니다. 물론 돈이 얽혀 있더라도 윗사람의 재가를 받는 행위나 절차는 '결제'가 아닌 '결재'로 쓰는 것이 맞습니다.

▶ 고난도 / 고난이도

사실 일상에선 '난도(難度)'와 '난이도(難易度)'를 혼용해 쓰는 경우가 많습니다. 엄밀히 따지면 '난도'는 '어려운 정도'고 '난이도'는 '어렵고 쉬운 정도'입니다. 그렇기에 '고(高)'는 '난이도'에 어울리지 않습니다. '어려운 정도가 높다'는 의미로 쓰려면 '고난도' 쪽이 옳습니다.

▶ 구분 / 구별

'구분(區分)'은 전체로 묶을 수 있는 것을 특정 기준에 따라 몇 갈래로 나누는 행위입니다. 성질이나 종류에 따른 차이점을 부각해 인식하는 것은 '구별(區別)'입니다. 시대(時代)는 구분하는 것이며, 정품과 복제품은 구별하는 대상입니다. 물론 실무에서 구별과 구분을 엄격히 가려 쓰는 직장이 아주 흔한 편은 아니지만, 정확한 용법 정도는 알아 둬서 나쁠 것도 없지 않나 싶습니다.

▶ 금새 / 금세

'금세'가 맞습니다. '금시에'가 줄어든 말이기 때문입니다. '금새'로 오인하는 근거는 대략 둘 정도로 꼽을 수 있는데요. 하나는 '요새'의 존재 때문입니다. 이것은 '요사이'가 줄어든 말로 '요새'가 맞으며 '요세'는 틀린 표현입니다. 나머지 하나는 사투리 영향입니다. 일부 지역에서는 '금세'의 사투리로 '금새'를 쓰는 경우가 있어, 이를 옳은 말로 오인하는 경우가 꽤 있기 때문입니다.

▶ 다르다 / 틀리다

워낙 유명한 케이스라 굳이 언급할 필요가 있나 고민은 했습니다만, 오류의 빈도에 비해 바로잡는 경우는 의외로 적은 편이라 일단은 넣어 보았습니다.

　이미 알고는 계시겠지만, 정답이 존재하는 상황이나 가치판단을 할 수 있는 경우여야 '틀리다'를 쓸 수 있습니다. '다르다'는 옳고 그름을 가리지 않는 때 비교를 하는 목적으로만 쓸 수 있습니다. '다르다'를 써야 할 자리에 '틀리다'를 잘못 넣는 경우가 거의 99.9%이기 때문에, '틀리다'를 쓸 때 한 번만 멈춰서 생각을 가다듬어 주시면 '틀리는' 실수를 상당 부분 줄일 수 있을 것입니다.

▶ 너비 / 넓이

　'너비'는 가로 길이만을 뜻합니다. 달리 말하면 '폭'입니다. 'ㄹ'이 추가된 '넓이'는 뜻이 완전히 달라져, 가로와 세로를 곱한 면적을 의미합니다. 직장 다니는 사람 중에 이걸 헷갈리는 양반이 어디 있냐고 묻지는 말아 주시길 바랍니다. 저도 알고 싶지 않았습니다.

▶ 미미 / 미비

　'미미(微微)'는 한자 '작을 미'의 겹말로 '하찮다, 사소하다, 적다'는 의미로 사용합니다. '미비(未備)'는 한자부터 완전히 달라 '아직 다 갖추지 못한 상태'를 뜻합니다.

▶ 반증 / 방증

역시나 꽤 틀리는 표현입니다. '반증(反證)'은 반대되는 사례를 들어 특정한 사실이나 주장이 옳지 않음을 밝히는 것입니다. '방증(傍證)'은 직접 증거까진 아니지만 간접적인 짐작은 가능케 하는 주변 상황이나 정황 등을 제시해 바른 파악이나 증명을 받치는 것입니다. 즉, 차이는 받침 하나에 불과할 지언정, 뜻은 확연할 정도로 벌어져 있어 서로 바꿔 쓸 만한 단어가 아닙니다.

▶ 성패 / 승패

'성패(成敗)'는 되고 말고의 문제로서 '대결'의 의미가 없습니다. 하지만 '승패(勝敗)'는 '승리와 패배'를 뜻해 상대와 겨루는 전제를 내포하고 있습니다. 그렇기에 프로젝트에 어울리는 말은 일반적으로선 '성패'이며, '승패'는 프로젝트를 여타 회사와 경쟁해 따내는 입찰 상황이나 돼야 쓸 만한 여지가 존재할 것입니다.

▶ 실제 / 실재

'실재(實在)'는 부사가 될 수 없습니다. '실제로 존재함'을 의미하는 명사로만 쓰일 뿐, '실재로'라는 용법 자체가 우리 말에 없습니다. '실제(實際)'는 '있는 사실이나 현실 그대로의 상태'를 뜻하며, 명사로도 부사어로도 모두 쓸 수 있습니다. 하지만 '실제하다'라는 말은 우리 언어 체계에 존재하는 바가 없습니다. 맞는 표현은 '실제로', '실재하다'입니다.

'실재'와 '실제'를 명사로만 쓸 때에 헷갈려 하는 분들이 종종 있는데, '실재'는 존재 쪽에 초점이 있고 '실제'는 현상 쪽에 비중을 뒀다 생각해 주시면 되겠습니다. 그러므로 '실제 상황'이며 '객관적 실재'로 쓸 수 있는 것입니다.

▶ 운영 / 운용

이들도 어지간한 직장에선 기준을 엄격히 그어 두고 맞냐 틀리냐를 따지는 경우가 드물긴 합니다만, 정히 구별을 하자면 '운영(運營)'은 '관리한다'는 뉘앙스가 비교적 강하며, '운용(運用)'은 특정 목적을 위해 지휘하고 부려 쓴다는 기색이 짙은 편입니다. 즉, '경영'을 강조하는 문맥에선 '운영'이 보다 어울릴 것이며, 맥락상 '활용'을 강조하는 느낌이라면 '운용'을 쓰는 편이 대체로 자연스럽습니다.

▶ 이상 / 초과

헷갈릴 일이 없을 것 같은데 묘하게 잘못 쓰는 사례가 눈에 많이 띄는 말입니다. 기준이 되는 수를 포함해서 넘어가면 '이상

(以上)', 포함하지 않으면 '초과(超過)'입니다. 물론 이와 반대로 기준이 되는 수를 포함해 밑돌면 '이하(以下)', 포함하지 않으면 '미만(未滿)'입니다. 따라서 3 이하 자연수는 1, 2, 3이 모두 해당하지만 3 미만 자연수는 1, 2뿐입니다.

▶ 일체 / 일절

'更新'과 마찬가지로 같은 한자를 두 가지 발음과 의미로 활용할 수 있어 쉽게 혼동하는 사례입니다. '一切'를 '일체'로 읽을 경우, 명사로 활용하면 '모든 것' 내지 '전부'라는 뜻으로서 긍정문과 부정문에 두루 쓸 수 있습니다. '일체의 잔반을 활용하지 않습니다'는 표현에 특별한 문제는 없다는 것입니다. '일절'을 써야 맞는 상황을 쉽게 파악하고자 '일체'는 긍정, '일절'은 부정이라 외우는 분들은 이러한 이유 때문에 과도한 교정을 요구하기 쉽죠.

다만 '일체'를 부사로 썼을 때엔 긍정으로만 쓰는 것이 맞습니다. '재산 일체'나 '일체 비용'은 문제가 없는 표현입니다. 하지만 '일절'은 '일체'와 달리 명사로 쓰는 용법이 없으며, 부사로는 금지나 부인 등 부정적 상황에만 활용합니다. '잔반을 일체 활용하지 않습니다'는 어색하며, '잔반을 일절 활용하지 않습니다' 쪽이 맞다는 것이죠.

▶ 재고 / 제고

한국어로 봤을 때에만 비슷하지, 한자와 의미는 완전 딴판으로 다릅니다. '재고(再考)'는 어떤 일이나 문제를 다시 생각해 본다는 뜻입니다. 즉, '재차 고려'입니다. '제고(提高)'는 무엇인가를 높이거나 끌어 올리는 때에 쓰는 말입니다. 그렇기에 '위상 제고' 등의 표현이 존재하는 것입니다. 여담으로, 보관 혹은 적치해 둔 물건을 가리키는 '재고(在庫)'를 이 두 단어와 혼동하는 분은 설마 없을 것이라 믿습니다.

▶ 좇다 / 쫓다

이상이나 목표 등을 따르고 추구하는 것은 '좇다'입니다. 어감이 좀 낯설다 뿐이지 엄연한 바른 말이며 은근히 자주 쓰는 표현이기도 합니다. '쫓다'는 무언가를 추격하거나 물리칠 때 쓰는 말입니다.

▶ 지양 / 지향

글자 모양은 비슷하지만 의미는 완전히 정반대입니다. '지양(止揚)'은 '멈추고 피하고 꺼리는 것'입니다. 반면 '지향(志向)'은 '그 쪽을 향하고 나아가겠다'는 뜻으로서 하고자 한다는 의미를 내포하고 있습니다.

▶ 치루다 / 치르다

'치루다'는 우리 말엔 존재하지 않는 표현입니다. 어느 때고 사용할 필요가 아예 없습니다. 값에 상응하는 돈을 내거나 무슨 일을 겪었을 때에 활용 가능한 옳은 동사는 '치르다'입니다.

▶ 협의 / 합의

'협의(協議)'는 '합의(合議)'와 동일한 의미입니다. 둘 이상의 주체가 한자리에 모여 의논하는 것을 가리킵니다. 하지만 이 둘은 '합의(合意)'와는 구별됩니다. 한자가 다른 이 '합의'는 '둘 이상의 주체가 뜻이 일치하는 상황'이나 '그렇게 된 의견'을 지칭합니다.

즉, '협의(協議)'나 '합의(合議)'는 '합의(合意)'를 도모하기 위한 절차입니다. 하지만 '협의(協議)'나 '합의(合議)' 결과 '합의(合意)'가 나오지 않을 수도 있습니다.

▶ 획정 / 확정

'획정(劃定)'은 경계나 권한을 명확히 나누거나 선을 그어 정할 때 쓰는 말입니다. '확정(確定)'은 무언가를 확실하게 정하는 때 사용합니다. 불분명한 구획을 인위적으로 쪼개는 때엔 주로 '획정'을 쓰며, 어떠한 행위나 결정의 끝맺음을 가리킬 때에는 '확정' 쪽이 맞다 생각해 주시면 되겠습니다.

▶ ~써 / ~서

도구나 방식으로 사용할 때에는 '~써', 자격이나 신분을 지칭할 때에는 '~서'로 외우는 분들이 많습니다. 실무적으로도 그 정도만 기억해 두면 혼동할 일이 썩 많지는 않은데요.

문제는 '도구가 자격이나 신분을 지니는 상황'입니다. 이를테면 '청소년은 국가의 동량으로서' 문장에서 "동량은 도구이므로 '~써'가 맞다"고 주장하는 분이 계시는데요. 여기서는 '청소년'이 '국가의 동량'이라는 자격이나 신분으로 통하고 있기 때문에 '~서'가 맞습니다.

상사가 이를 모르거나 이해하지 못하고 틀린 말로 교정하라 요구하면 별 수 없겠지만, 아무튼 원칙적으로는 이런 때엔 '~서' 쪽이 정답에 훨씬 가깝다는 것이죠.

▶ -율 / -률

앞에 나오는 말의 끝이 'ㄴ' 받침이거나, 받침이 아예 없으면 '-율'입니다. 그러므로 '불문율', '투표율'이 옳습니다. 'ㄴ' 이외 받침이 있으면 '-률'입니다. 따라서 '법률', '확률'입니다. '-열'과 '-렬'에도 같은 원칙이 적용됩니다.

▶ 안- / 않-

'안-'은 '아니'를 줄인 말이며, '않-'은 '아니하-'를 축약한 것입니다. 그렇기에 '안-' 대신 '아니-'를 넣어서 말이 되면 '안-'을 사용해야 합니다. 그렇기 때문에 '안돼(아니돼)'는 맞아도 '않돼(아니하돼)'는 틀린 것입니다.

비슷한 요령으로, '되'와 '돼'도 '하'와 '해'를 대신 넣어 보면 쉽게 답을 찾을 수 있습니다. '하'를 넣어서 어색함이 없으면 '되'가 맞고, '해'가 자연스럽다면 '돼'를 쓰는 편이 옳습니다. '안 됩니다'를 '안 합니다'로 고치면 말이 되지만, '안 햅니다'는 어울리지 않으므로 '안 됩니다'가 정답이라는 사실을 금세 파악할 수 있죠.

▶ 역임

'역임(歷任)'은 여러 직위를 두루 거쳤을 때 쓰는 말이므로, 전직이 하나뿐일 때엔 엄밀히 따지자면 맞는 표현은 아닙니다. '지냈다'는 그런 상황에도 사용할 수 있을뿐더러 '역임'의 뜻까지 포괄하기 때문에 보다 편히 쓸 수 있습니다.

그리고 '역임'은 현직에 대해선 쓰는 말이 아닙니다. 전직들을 가리킬 때에만 활용 가능합니다. '역임 중이다'는 완전히 틀린 표현이라는 것입니다.

▶ 재원

과거 한 드라마가 방영 중 남자 주인공을 '사법연수원을 수석으로 졸업한 재원'이라 소개했는데요. '재원(才媛)'은 '재녀(才女)'와 동일하게 재주가 뛰어난 여성을 지칭합니다.

여담으로 저 문구 다음으론 '현재 서울중앙지검에 판사로 재직 중'이라는 구절이 이어졌습니다. 대한민국 역사상 판사가 서울중앙지검에서 업무를 수행한 사례는 존재했던 바가 없습니다.

▶ 전철

'전철(前轍)'은 한자 풀이로는 '앞서 지난 수레바퀴 자국'인 만큼 어느 발자취에나 쓸 수 있을 듯해 보이지만, 실제로는 그릇되거나 부정적인 행적에만 활용 가능한 말입니다. 행여나 문서 또는 대외 자료 등에 '창업주의 전철을 밟아' 같은 표현을 썼다간 회사가 온통 뒤집어질 수도 있습니다.

일터의 작문법

초판 1쇄 인쇄 2023년 11월 15일
초판 1쇄 발행 2023년 11월 30일

지은이 문현웅

기획 이유림
편집 정아영, 이유림
마케팅 총괄 임동건
마케팅 안보라
경영지원 임정혁, 이순미

펴낸이 최익성
펴낸곳 플랜비디자인

표지 디자인 스튜디오 사지
내지 디자인 박은진

출판등록 제2016-000001호
주소 경기도 화성시 동탄첨단산업1로 27 동탄IX타워 A동 3210호

전화 031-8050-0508
팩스 02-2179-8994
이메일 planbdesigncompany@gmail.com

ISBN 979-11-6832-076-5 (04320)
        979-11-6832-049-9 (세트)